bremer soziologische texte

Schriftenreihe des Instituts für empirische
und angewandte Soziologie

herausgegeben von:
Hans-Günther Heiland
Rüdiger Lautmann
Ansgar Weymann
Matthias Wingens

Band 8

Ungleichheiten im Erwerbsverlauf

Individuelle Ressourcen,
soziale Schließung und vakante Positionen
als Determinanten beruflicher Karrieren

Michael Windzio

Centaurus Verlag & Media UG 2000

Der Autor, geb.1970, studierte Soziologie und Politische Wissenschaft in Heidelberg. Er ist derzeit als wissenschaftlicher Mitarbeiter an der Universität Bremen am Sonderforschungsbereich 186 ›Statuspassagen und Risikolagen im Lebensverlauf‹ tätig und arbeitet an einer Dissertation über den Zusammenhang von Institutionenwandel, Organisationsökologie und Arbeitmarktmobilität.

Die Deutsche Bibliothek – CIP-Einheitsaufnahme

Windzio, Michael :
Ungleichheiten im Erwerbsverlauf : individuelle Ressourcen, soziale Schließung und vakante Positionen als Determinanten beruflicher Karrieren / Michael Windzio. –
Herbolzheim : Centaurus Verl.-Ges., 2000
  (Bremer soziologische Texte ; Bd.8)
  ISBN 978-3-8255-0301-7   ISBN 978-3-86226-861-0 (eBook)
  DOI 10.1007/978-3-86226-861-0

ISSN 0935-6045

Alle Rechte, insbesondere das Recht der Vervielfältigung und Verbreitung sowie der Übersetzung, vorbehalten. Kein Teil des Werkes darf in irgendeiner Form (durch Fotokopie, Mikrofilm oder ein anderes Verfahren) ohne schriftliche Genehmigung des Verlages reproduziert oder unter Verwendung elektronischer Systeme verarbeitet, vervielfältigt oder verbreitet werden.

© *CENTAURUS Verlags-GmbH & Co. KG, Herbolzheim 2000*

Satz: Vorlage des Autors
Umschlaggestaltung: DTP-Studio, Antje Walter, Lenzkirch

1 EINLEITUNG 9

2 STRUKTURIERUNGSMECHANISMEN UND DYNAMIK SOZIALER UNGLEICHHEIT 12

2.1 Die Dynamik Sozialer Ungleichheit 13
2.2 Die Dimensionen Sozialer Ungleichheit bei Max Weber und Frank Parkin und die "Objektive Form" der Positionen bei Georg Simmel 15
    2.2.1 Die Marktlage bei Weber 15
    2.2.2 Die ständische Differenzierung bei Weber 16
    2.2.3 Die soziale Schließung bei Weber und Parkin 16
    2.2.4 Das hierarchische Prinzip in der Herrschaftssoziologie Webers und Simmels 18
    2.2.5 Die Verteilung der Positionen in der gesellschaftshistorischen Entwicklung 20
2.3 Zusammenfassung und Schlußfolgerung: Der Statuszuweisungsprozeß zwischen Marktlage und strukturellen Vorgaben 22

3 DIE INDIVIDUELLEN RESSOURCEN IN DEN ÖKONOMISCHEN ANSÄTZEN: DIE HUMANKAPITALTHEORIE 25

3.1 Nutzenmaximierung und Investitionsverhalten 25
3.2 Die Integration von Marktungleichgewichten in die Humankapitaltheorie bei Nancy Brandon Tuma 27
3.3 Die Opportunitätskosten in der Familienökonomie 29
3.4 Exkurs: Erklären durch "Verstehen" am Beispiel des Investitionsverhaltens .. 31
3.5 Zusammenfassung und Schlußfolgerung: 34

4 DIE POSITIONEN IN DEN STRUKTURZENTRIERTEN ANSÄTZEN: "VACANCY CHAINS" UND "VACANCY COMPETITION" 35

4.1 Das Modell der Vakanzketten von Harrison C. White 35
4.2 Aage B. Sørensens "Vacancy Competition Model" 38
4.3 Das Opportunitätenproblem aus innerbetrieblicher und gesamtgesellschaftlicher Perspektive 41
    4.3.1 Die Opportunitätenstruktur innerhalb eines Betriebes und die Präzision der innerbetrieblichen Perspektive 41
    4.3.2 Die Opportunitätenstruktur auf der gesamtgesellschaftlichen Ebene und das Defizit der innerbetrieblichen Perspektive 45
4.4 Die Opportunitätenstruktur als Tertiarisierung und Makrodemographie: Ist das Sørensen-Modell auf die gesamtgesellschaftliche Ebene anwendbar? 47
    4.4.1 Die pyramidale Form der Ungleichheitsstruktur 47
    4.4.2 Der Effekt der Tertiarisierung auf die pyramidale Form der Beschäftigungsstruktur bei Daniel Bell und Harry Braverman 50

4.4.3 Die Entstehung von Vakanzen in den instabilen Strukturen nationaler Arbeitsmärkte 53

4.5 ZUSAMMENFASSUNG UND SCHLUßFOLGERUNG: DIE OPPORTUNITÄTENSTRUKTUR DER GESAMTGESELLSCHAFTLICHEN EBENE UND DAS SUKZESSIVE ZUSAMMENFINDEN VON PERSON UND POSITION BEI SØRENSEN UND TUMA. 55

5 SOZIALE SCHLIEßUNG IM SEGMENTIERTEN ARBEITSMARKT UND INSTITUTIONALISIERTE KARRIEREMUSTER IM ÖFFENTLICHEN DIENST 59

5.1 DER SEGMENTIERTE ARBEITSMARKT 59
    5.1.1 Die Theorie des dualen Arbeitsmarktes 59
    5.1.2 Sengenbergers Theorie der dreifachen Arbeitsmarktsegmentation 60
5.2 DER ÖFFENTLICHE DIENST ALS IDEALTYP INTERNER MÄRKTE? 62
5.3 EXKURS: METHODOLOGISCHE DIFFERENZEN ZWISCHEN STRUKTURALISTISCHEN UND ÖKONOMISCHEN ANSÄTZEN UND DER VERSUCH EINER "DYNAMISCHEN INTEGRATION" 64

6 GESCHLECHTSSPEZIFISCHE EINFLÜSSE 66

6.1 DIE WECHSELWIRKUNG VON ERWERBS- UND FAMILIENBIOGRAPHIE BEI FRAUEN 66
6.2 DAS MERKMAL GESCHLECHT ALS BRENNPUNKT VERSCHIEDENER UNGLEICHHEITSDIMENSIONEN 67
    6.2.1 Geschlecht als Faktor des Humankapitalniveaus: Die Ehe- und Kinderbiographie von Frauen 67
    6.2.2 Sexistische Diskriminierung von Frauen auf dem Arbeitsmarkt 68
    6.2.3 Geschlechtsspezifische Arbeitsmarktsegmentation 69
    6.2.4 Die Erwerbskarrieren von Frauen zwischen Marktkonkurrenz, sozialer Schließung und selektiver Assoziation 69
6.3 ZUSAMMENFASSUNG UND SCHLUßFOLGERUNG 72
6.4 DETERMINANTEN VON MOBILITÄTSPROZESSEN IN DER PERSPEKTIVE DES "DYNAMISCHEN KAUSALANSATZES" 72

7 OPERATIONALISIERUNG DER POSITION INNERHALB DER VERTIKALEN UNGLEICHHEITSSTRUKTUR 74

7.1 BERUFLICHE STELLUNGEN UND TÄTIGKEITEN 74
7.2 EXTERNE VALIDIERUNG DER STATUSSKALA 80

8 DATEN UND METHODEN 83

8.1 ERSTELLUNG DER EPISODENDATEI AUS DEM FAMILIENSURVEY 1988 83
8.2 ERSTELLUNG DER EPISODENDATEI AUS DEN TEILDATENSÄTZEN DER LEBENSVERLAUFSSTUDIE 86
8.3 DIE ZEITREIHEN DES STATISTISCHEN BUNDESAMTES 89
8.4 DIE OPPORTUNITÄTENSTRUKTUR DER BUNDESREPUBLIK DEUTSCHLAND 1950-1988 90

8.5 DIE FAKTORENANALYSE UND IHRE ANWENDUNGSVORAUSSETZUNGEN 91
8.6 KAUSALE MODELLIERUNG ZEITLICHER VERLÄUFE DURCH DIE EREIGNISANALYSE 94
8.7 DIE VERKNÜPFUNG DES FAMILIENSURVEY MIT DEN AMTLICHEN ZEITREIHEN 98

9 ZUSAMMENFASSUNG DER HYPOTHESEN 100

10 ERGEBNISSE DER EREIGNISANALYSE 105

10.1 EFFEKTE DER INDIVIDUELLEN RESSOURCEN UND DER DEMOGRAPHISCH UND ÖKONOMISCH BEDINGTEN GELEGENHEITSSTRUKTUR 105

10.2 EFFEKTE DER INDIVIDUELLEN RESSOURCEN UND DER DURCH SOZIALE SCHLIESSUNG ABGESCHOTTETEN ARBEITSMARKTSEGMENTE 117

11 WIE WÄREN DIE MOBILITÄTSPROZESSE UNTER ANDEREN KONTEXTBEDINGUNGEN VERLAUFEN? ZWEI ERGEBNISSE DER MIKROSIMULATION 127

12 ZUSAMMENFASSUNG UND SCHLUSSFOLGERUNGEN 134

13 LITERATUR 137

1 Einleitung

Mit der Erosion der ständisch geprägten Sozialordnung und der Etablierung der kapitalistischen Wirtschaftsform in Europa erlangte die während der Renaissance und der Aufklärung entstandene Idee des freien und verantwortlichen Individuums eine weite Verbreitung. Gleichzeitig war damit auch der Nährboden für eine neue meritokratische Ideologie geschaffen:

> "Das Lebensschicksal einzelner Menschen sollte nun nicht mehr bloßer Bestandteil eines mit der Geburt auferlegten kollektiven Familienschicksals sein, sondern eine individuelle, durch eigene Arbeitsleistung 'verdiente' und 'bewußt' gestaltete Biographie" (Kreckel 1992: 68).

In der aktuellen Diskussion über soziale Ungleichheit existieren auch heute noch Ansätze, die in der Arbeitsleistung des Individuums den eigentlichen Bestimmungsgrund von Einkommen und Status sehen (vgl. Habermas 1976: 322). Sie betonen die Allokationsfunktion des *Arbeitsmarktes* für die Verbindung von Person und Job. Ungleichheit von Einkommen und Status entsteht gemäß der heutigen Variante meritokratischer Ideologie durch Produktivitätsunterschiede der Individuen, die auf dem Arbeitsmarkt eine ihrer Ausbildung und ihren Fähigkeiten adäquate Position erhalten. Und da das Bildungssystem formal nach den Prinzipien der Leistung und der Chancengleichheit funktioniert (ebd.), wurde die meritokratische Ideologie fester Bestandteil des Alltagsbewußtseins: "'Jeder ist seines Glückes (oder Unglückes) Schmied'" (Kreckel 1992: 67). Was eine Person im Verlauf ihrer Biographie an Status und Einkommen erreicht, wäre demnach fast ausschließlich davon abhängig, was sie während ihrer Ausbildung und *"on the job"* fähig und bereit ist zu leisten.

Entgegen dieser ideologischen Formel wird in der vorliegenden Arbeit versucht aufzuzeigen, daß der intragenerationale Statuserwerbsprozeß nicht nur von individuellen Merkmalen abhängt, sondern wie er darüberhinaus von Faktoren bestimmt ist, auf die das Individuum keinen Einfluß hat und die auf der makrosozialen Ebene zu verorten sind. Dabei handelt es sich um strukturelle Bedingungen, die sich unabhängig von den jeweiligen individuellen Merkmalen positiv oder negativ auf die Chance der Statusverbesserung auswirken. Der intragenerationale Statuserwerbsprozeß, der den Untersuchungsgegenstand der vorliegenden Arbeit darstellt, ist also keineswegs nur ein Resultat der Konkurrenzfähigkeit einer Person auf dem Arbeitsmarkt.

Mit dem in der Soziologie relativ neuen statistischen Verfahren der Ereignisanalyse werden die strukturellen Bedingungen von intragenerationalen Aufstiegschancen und Abstiegsrisiken zum einen als ein Aspekt des *demographischen* und *ökonomischen Wandels* der Bundesrepublik Deutschland von 1950 bis zum Ende der 80er Jahre identifiziert. Zum anderen existieren strukturelle Bedingungen von Aufstiegschancen als Resultat von *sozialen Schließungsprozessen*, die eine Strukturierung von Arbeitsmärkten zur Folge haben und die Allokationsmechanismen des freien Marktes teilweise außer Kraft setzen.

Neben dem Einfluß der individuellen Ressourcen einer Person sind es in der Perspektive dieser Arbeit daher vor allem die Opportunitäten- bzw. Gelegenheitsstrukturen und die sozialen Schließungsprozesse, die die Erreichbarkeit von attraktiven sozialen Positionen bestimmen. Sollte sich diese Grundhypothese der Studie empirisch bewähren, würde deutlich, daß die *ökonomischen* Ansätze mit ihrem Paradigma der Marktkonkurrenz bedeutsame Bestimmungsgründe der Karrierechancen außer acht lassen, die aber bereits von den Klassikern der *Soziologie* thematisiert wurden. Aus klassischen soziologischen Ansätzen wird im theoretischen Teil die These hergeleitet, daß die Positionen der Ungleichheitsstruktur eine soziale Tatsache eigener Art darstellen, die unabhängig von den Personen existieren. Viele Positionen behalten ihre Identität bei, auch wenn sie kurzzeitig unbesetzt sind und später durch andere Personen ausgefüllt werden.

Die vorliegende Arbeit gliedert sich folgendermaßen: In Kapitel 2 wird zunächst auf den dynamischen Aspekt sozialer Ungleichheit hingewiesen. Dann werden aus der Diskussion klassischer soziologischer Ansätze drei Strukturierungsmechanismen sozialer Ungleichheit hergeleitet, die den intragenerationalen Statuszuweisungsprozeß bestimmen. Dabei handelt es sich erstens um die *individuellen Ressourcen* einer Person, die über ihre Konkurrenzfähigkeit am Arbeitsmarkt entscheiden, zweitens um die *soziale Schließung* und drittens um die *Verfügbarkeit vakanter Positionen* in hierarchischen Organisationen. Diese in Kapitel 2 beschriebenen Mechanismen bilden den theoretischen Rahmen. Bezogen auf jede dieser Strukturierungsmechanismen sozialer Ungleichheit existieren konkrete theoretische Ansätze, die sich mit dem intragenerationalen Statuserwerbsprozeß befassen: die ökonomische *Humankapitaltheorie* und die Theorie der *Haushalts-* und *Familienproduktion* mit den individuellen Ressourcen (Kapitel 3), *vakanztheoretische Ansätze* mit der Verfügbarkeit vakanter Positionen (Kapitel 4) und Ansätze der *Arbeitsmarktsegmentation* mit den Folgen von Prozessen sozialer Schließung (Kapitel 5).

Im dritten und vierten Abschnitt des 4. Kapitels wird das Konzept der Gelegenheitsstruktur und das Problem deren Operationalisierung ausführlich erörtert. Im Rahmen der theoretischen Überlegungen über die Wirkung der Verfügbarkeit vakanter Positionen in Kapitel 4 werden die zentralen Hypothesen entwickelt: Erstens müßte sich die Aufstiegswahrscheinlichkeit in Perioden mit einem hohen Anteil potentieller Pensionäre erhöhen, da in diesen Perioden vermehrt Arbeitnehmer aus dem Erwerbssystem ausscheiden und sich dadurch - vorausgesetzt, die Positionen werden wieder besetzt - Aufstiegsgelegenheiten für "Nachrücker" ergeben. Zweitens müßte der Wandel zur Dienstleistungsgesellschaft, die Tertiarisierung der Berufs- und Beschäftigungsstruktur, einen Einfluß auf die intragenerationale Statusmobilität haben. Über die *Richtung* der Mobilität infolge des Tertiarisierungsprozesses existieren allerdings konkurrierende Hypothesen.

Drittens müßten die in Kapitel 5 beschriebenen sozialen Schließungsprozesse zur Folge haben, daß die Aufstiegschancen von Personen im öffentlichen Sektor gegenüber Personen mit eigentlich gleichem Ausbildungsniveau in benachteiligten ("unstrukturierten") Arbeitsmarktsegmenten erhöht sind.

Die Strukturierungsmechanismen unterscheiden sich hinsichtlich ihrer Erscheinungsebene. Wohingegen die individuellen Ressourcen und der damit im Zusammenhang stehende Prozeß der Haushalts- und Familienproduktion auf der *mikrosozialen* Ebene zu verorten ist, stellen die soziale Schließung und die Verfügbarkeit vakanter Positionen Dimensionen der *Makroebene* dar. Die Dimensionen der Makroebene stehen dem Individuum als strukturelle Bedingungen gegenüber, konfigurieren dessen Handlungssituation in entscheidender Weise und können von ihm kaum beeinflußt werden.

Inwieweit sich in dem Merkmal "Frau" *verschiedene* Strukturierungsmechanismen bündeln und eine separate Operationalisierung dieser Mechanismen bei der an sich noch sehr heterogenen Gruppe der Frauen überhaupt möglich ist, wird in Kapitel 6 erörtert. In Kapitel 7 wird dann das Problem der Auswahl und Validierung der Skala des sozialen Status diskutiert. Weil die Skala ein Indikator für materiellen Reichtum sein soll, wurde sie anhand des externen Kriteriums des Nettoeinkommens validiert. Kapitel 8 beschreibt die technischen Aspekte der Datenaufbereitung und Datenorganisation und die angewandten Methoden der Faktoren- und Ereignisanalyse, und Kapitel 9 faßt die sich aus dem theoretischen Teil ergebenden Hypothesen zusammen. In Kapitel 10 erfolgt die Darstellung und Diskussion der Ergebnisse. Schließlich soll im Kapitel 11 exemplarisch die Wirkungsweise ausgewählter makrostruktueller Effekte durch das Verfahren der *Mikrosimulation* (Klein 1991) nachvollzogen werden. Mit Hilfe der Mikrosimulation kann unter anderem die Bedeutung der demographischen Zusammensetzung einer Gesellschaft und des Tertiarisierungsniveaus für soziale Aufstiege gezeigt werden. Die Wirkung dieser Variablen offenbart sich nur vermittelt über den sozialen Wandel. In der Simulation kann ein Szenario konstruiert werden, das - ceteris paribus - eingetreten wäre, wenn dieser soziale Wandel entweder nicht oder in anderer Form stattgefunden hätte und in dem die Aufstiegschancen entsprechend verändert sind.

2 Strukturierungsmechanismen und Dynamik sozialer Ungleichheit

Die folgenden theoretischen Überlegungen basieren auf der Prämisse Karl-Ulrich Mayers (1987a: 377), derzufolge die Erwerbsarbeit innerhalb der *Arbeitsgesellschaft*

> "zumindest mittelbare Grundlage der Chance der Einkommenserzielung, der Güterversorgung und Vermögensbildung, der Alterversorgung für eine immer länger werdende Altersspanne" ist.

In den Ausführungen Berndt Kellers (1985: 648) erfuhren in jüngerer Zeit *Arbeitsmarktprozesse*, deren Bedeutung für die Herausbildung sozialer Ungleichheiten bereits von den Klassikern Karl Marx und Max Weber erkannt wurde, wieder verstärkte Aufmerksamkeit. Wie auch Mayer hält er an dem Paradigma der "Arbeitsgesellschaft" fest:

> "Arbeitsmarktprozesse, deren Analyse zum Verständnis von Wirtschaft und Gesellschaft unerläßlich ist, stellen den zentralen Verteilungsmechanismus in Industriegesellschaften dar und sind daher auch für Soziologen von wesentlichem Interesse" (ebd.).

Das Erwerbssystem stellt den zentralen Ort dar, in dem die Ungleichverteilung von Lebenschancen verankert ist (Kreckel 1992: 153). Wechsel der Statuspositionen im Verlauf einer Biographie sind folglich eng an die Erwerbstätigkeit gebunden. Erwerbsbezogen sind überdies die meisten Arten der wohlfahrtsstaatlichen Transferleistungen, da sie zumeist an vorangegangene oder zu erwartende künftige Erwerbstätigkeit gekoppelt sind (ebd., Kreckel 1983a: 140). Sengenberger (1987: 44) führt in diesem Zusammenhang die abhängigen Familienmitglieder an, deren Lebenslage "zumeist stark beeinflußt vom Beschäftigungsstatus der Ehemänner bzw. Ehefrauen" (ebd.) ist. Die theoretische Diskussion sozialer Ungleichheit bildet damit, wie gezeigt werden soll, einen notwendigen Bezugspunkt für die Herleitung von Hypothesen über Einflußfaktoren auf intragenerationale Statusmobilität. Ungleich verteilt sind die Chancen, im Verlauf der Biographie die Position im Erwerbsleben zu verbessern. Diskutiert wird in der neueren Ungleichheitsforschung neben dieser *Dynamik* von Lebenslagen (Mayer/Blossfeld 1990, Berger 1995: 11) darüberhinaus das *Gemisch an Strukturierungsmechanismen*, aus denen sich die Lebenslagen konstituieren (Mayer 1987a, Kreckel 1992: Kap. II).

Kreckel (1992) arbeitete in seiner "Politischen Soziologie der sozialen Ungleichheit" in Auseinandersetzung mit Marx und Weber vier Dimensionen sozialer Ungleichheit heraus: materieller Reichtum, symbolisches Wissen, selektive Assoziation und hierarchische Organisation. Mit einer ähnlichen Zielsetzung führt

Mayer (1987a: 379) andererseits aus,

> "das es drei Formen der Institutionalisierung von Ungleichheit gibt, analytisch zu trennen, immer gleichzeitig präsent, aber mit angebbaren Übergewicht der einen oder anderen: Klassenbildung als Ergebnis von Marktkonkurrenz, Schichtenbildung durch soziale Schließung, 'Präferenzpreise' für andere Gemeinschaftsmitglieder, insbesondere Familienangehörige, und politisch vermittelte Ressourcenallokation".

Im folgenden werden in Anlehnung daran drei Strukturierungsmechanismen sozialer Ungleichheit ausgeführt, mit denen der Prozeß des intragenerationalen Statuserwerbs in enger Verbindung steht: *Individuelle Ressourcen, soziale Schließung* und die *Verfügbarkeit vakanter Positionen in hierarchischen Organisationen.*

Unter Rückbezug auf diese Mechanismen werden aus den wichtigsten Theorien, die entweder explizit intragenerationale Statuskarrieren zum Gegenstand haben oder zumindest ein erfolgversprechendes Erklärungspotential für diese Prozesse aufweisen, die im empirischen Teil der Arbeit zu prüfenden Hypothesen hergeleitet. Bei diesen Theorien handelt es sich einerseits um die positionszentrierten Ansätze der "neuen Strukturalisten" (Brüderl 1991: 91), also um Ansätze über "vacancy chains", "vacancy competition" und Arbeitsmarktsegmentation, auf der anderen Seite um Ansätze aus der Ökonomie, und zwar speziell um die Theorie des Humankapitals und der Familienökonomie.

Anhand zweier Aspekte sozialer Ungleichheit, der Mehrdimensionalität und der Dynamik, kann demnach sowohl die Bedeutung der Analyse von *Prozessen* für die Ungleichheitsforschung, als auch die Logik der zentralen gesellschaftlichen Bereiche, in denen sich die Statuszuweisungsprozesse abspielen, herausgearbeitet werden. Der eine Bereich ist der des *Marktes*, auf dem die Akteure in Austauschbeziehungen treten, der andere der Bereich der *Strukturen*, des Gerüsts von Positionen und deren Erreichbarkeit, welches als eine von individuellen Merkmalen unabhängige soziale Tatsache Karriereprozesse beeinflußt. Orientiert sich eine Person nur an den Mechanismen des Marktes, wird sie, wenn sie eine Verbesserung der eigenen Lage anstrebt, in die Erweiterung der eigenen Ressourcen investieren, um ihre Marktchancen zu erhöhen. Unter Umständen macht sie dabei die ernüchternde Erfahrung, daß die gegenwärtige Verteilung der Positionen die angestrebte Verbesserung strukturell blockiert.

2.1 Die Dynamik sozialer Ungleichheit

Viele bisherige Analysen, die soziale Ungleichheit als ein in Strukturen von Klassen oder Schichten eingebettetes Phänomen betrachteten, erfolgten auf der Grundlage von Querschnittsdaten (Mayer/Blossfeld 1990: 297). Ein Querschnitt ist jedoch nur eine "Momentaufnahme", der die Annahme einer relativen Stabilität der Ungleichheitslagen zugrundeliegt und der die Dynamik auf der Mikro- und Makroebene notwendigerweise entgeht. Zum einen ändern sich jedoch auf der *Mikroebene* die ungleichheitsrelevanten Merkmale der Individuen. Im Verlauf ihrer Biographie durchwandern sie in der Regel eine hierarchische Struktur von ungleichen Positionen und erfahren Lebensereignisse, die - positiv oder negativ - mit ihren Karrierechancen in Verbindung stehen. Zum anderen unterliegen auch auf der *Makroebene* die auf die individuellen Lebenschancen einwirkenden *strukturellen Kontexte* (vgl. unten) einem permanenten Wandel.

Im Gegensatz zu den Querschnittsbetrachtungen basieren kausale Analysen von Einflußfaktoren auf Übergangsraten. In der vorliegenden Arbeit ist dies die Rate von Statusgewinnen oder -verlusten im Lebenslauf, die über *längsschnittbezogene Individualdaten* ermittelt wird. Dadurch eröffnen sich für die Analyse sozialer Ungleichheit erweiterte Perspektiven, die über eine reine "Momentaufnahme" der Ungleichheitsstruktur, etwa im Sinne einer Deskription ihrer "Zwiebel"- Form (Mayer/Blossfeld 1990: 302), hinausgehen. Mit der Verwendung von Längsschnittdaten wird das gesamte Erwerbsleben einer Person insbesondere hinsichtlich des kausalen Einflusses bestimmter Lebensereignisse und -prozesse auf die weitere Karriere erfaßbar (Mikrodynamik). Im Mittelpunkt stehen damit Elemente der individuellen Gesamtbiographie, die zu "*Rekrutierungs*ungleichheiten" (Berger/Sopp 1995: 14) führen, bzw. die *Zugangschancen* zu attraktiveren Positionen im Erwerbsleben bestimmen.

Von besonderem theoretischen Interesse sind die Erwerbsverläufe aber auch deshalb, weil sie sich, so die Perspektive der vorliegenden Arbeit, nach gesellschaftlich strukturierten und institutionalisierten Mustern vollziehen. Sind Erwerbsverläufe als Prozesse der Mikroebene in makrosoziale Kontexte eingebettet, muß ein Wandel der Kontexte auf den Ablauf dieser Prozesse durchschlagen. Ein Wandel gesellschaftlicher Rahmenbedingungen (Makrodynamik), unter anderem über Zeitreihen der ökonomischen und sozialen Entwicklung operationalisierbar (Mayer/Huinink 1990: 445, vgl. die Abschnitte 8.3. und 8.4. Zeitreihen), kann anhand von Erwerbsverläufen, die sich in der Kohortenabfolge verändern, hinsichtlich seiner Wirkungen auf Prozesse der Mikroebene empirisch untersucht werden. Und ein Wandel von Erwerbsverläufen wird wiederum in entscheidendem Maße ungleichheitsrelevant, wenn mit ihm ein Wandel der Chancenstrukturen verbunden ist, das heißt, wenn sich die Möglichkeiten zu konstanten, berechenbaren oder erfolgreichen Karrieren im gesellschaftshistorischen Verlauf ungleich verteilen.

2.2 Die Dimensionen sozialer Ungleichheit bei Max Weber und Frank Parkin und die "objektive Form" der Positionen bei Georg Simmel

2.2.1 Die Marktlage bei Weber

Inwieweit soziale Ungleichheit auf einen Faktor (Besitz oder Einkommen) reduziert werden kann oder aber auf einem Gemisch von Dimensionen gründet, die insgesamt, wie wir heute sagen, die "Lebenslage" (Geissler 1994: 549) eines Individuums bestimmen, wurde bereits in den Anfängen der deutschen Soziologie diskutiert. Während für Karl Marx die Klassenlage bereits durch die Stellung zu den Produktionsmitteln eindeutig bestimmt war, grenzte sich Max Weber in seinem Kapitel "Klassen, Stände und Parteien" in "Wirtschaft und Gesellschaft" (Weber 1972: 531ff) scharf von diesem Reduktionismus ab. Zwar argumentierte er zunächst analog zum marxschen Konzept der "Klasse an sich", der nicht vergemeinschafteten und unorganisierten Masse von Personen mit gleichen materiellen Bedingungen, daß

> "die Art der Chance auf dem Markt diejenige Instanz ist, welche die gemeinsame Bedingung des Schicksals der Einzelnen darstellt. 'Klassenlage' ist in diesem Sinn letztlich: 'Marktlage'" (Weber 1972: 532).

Sachlicher Besitz und die Verfügung über nachgefragte Leistungsqualifikationen (Weber 1972: 177) bilden in einem Interaktionssystem, das über Tausch und Konkurrenz Ressourcen nach der Logik des Marktes verteilt, die "ursächliche Komponente" der klassenspezifischen "Lebenschancen" (ebd.: 531). Webers eigentliche Erweiterung der Ungleichheitsanalyse besteht nun darin, daß bei ihm neben den aus der bloßen Marktlage heraus resultierenden Vergesellschaftungen weitere Dimensionen und Bestimmungsgründe sozialer Ungleichheit treten: erstens eine *ständische* Differenzierung der Gesellschaft aufgrund askriptiver Merkmale, zweitens die *soziale Schließung* ökonomischer Chancen gegen Außenstehende und drittens läßt sich aus dem Verweis auf die hierarchische Organisation von Parteien (Weber 1972: 539) und Bürokratien (ebd.: 825f) das *"hierarchische Prinzip"* als ungleichheitsrelevanter sozialstruktureller Aspekt herausarbeiten (Kreckel 1992: 71). Kreckel (1992: 69ff, 1983a: 144) unternimmt den Versuch einer Rekonstruktion der Überlegungen Webers und Parkins, um das hierarchische Prinzip, die ständische Differenzierung und sie soziale Schließung für die Analyse sozialer Ungleichheit fruchtbar zu machen.

2.2.2 Die ständische Differenzierung bei Weber

Die ständische Lage verweist im Gegensatz zur Klassenlage

> "auf eine Komponente des Lebensschicksals von Menschen, welche durch eine spezifische, positive oder negative, soziale Einschätzung der *'Ehre'* bedingt ist, die sich an irgendeine gemeinsame Eigenschaft vieler knüpft" (Weber 1972: 534).

Das ständische Gliederungsprinzip der Gesellschaft ist, obwohl es unter Umständen eng mit ökonomischem Besitz korreliert (ebd.: 535, 537), scharf von der Differenzierung in soziale Klassen zu unterscheiden, da die soziale Ehre, worauf immer sie auch beruht, letztendlich Ausdruck von Askriptionen und subjektiven, kollektiven Konstruktionen ist. Die durch askriptive Merkmale vermittelte "Ehre" ist das Kriterium der Zugehörigkeit zu sozialen Gruppen, die sich durch *selektive Assoziation* - bzw. *Diskriminierung* derjenigen, die nicht über das je spezifisch definierte Merkmal verfügen - herausbilden (Kreckel 1992: 84f).

Die ständische Ehre findet bei Weber (ebd.: 535) ihren Ausdruck in einer "spezifisch gearteten *Lebensführung*", die von jedem, der dem jeweiligen Stand angehören will, erwartet wird. Der Differenzierung von Ständen hinsichtlich ihrer Lebensführung liegen darum insbesondere verschiedene Formen des Güter*konsums* zugrunde (ebd.: 538). Somit steht die ständische Vergemeinschaftung, wie Weber betont, häufig explizit im Gegensatz zu ökonomischen Erwerbs- oder Besitzinteressen (ebd.: 537). Kreckel (1992: 84f) entwickelte aus Webers Standesbegriff das Konzept der *selektiven Assoziation* von Verkehrskreisen, in das zugleich dessen Kehrseite integriert ist: die selektive Diskriminierung. Auf die Möglichkeit selektiver Diskriminierung von Frauen insbesondere in der Personalplanung von Unternehmen wird in Kapitel 6 hingewiesen. Sie entspringt einem eher lebensweltlich verankerten "taste for discrimination" (G.S. Becker), der mit ökonomischen Nutzenkalkulationen nicht vereinbar ist und darum von der *sozialen Schließung* unterschieden werden muß.

2.2.3 Die soziale Schließung bei Weber und Parkin

In der vorliegenden Arbeit werden Prozesse untersucht, die sich im Gegensatz zur ständischen Vergemeinschaftung nicht im Rahmen konsumtiv-expressiver, sondern ökonomischer Beziehungen vollziehen: Prozesse innerhalb verschiedener Arbeitsmärkte.

Für den Bereich *ökonomischer* Beziehungen beschreibt Weber das von Frank Parkin weiterentwickelte Konzept der *sozialen Schließung*. Soziale Schließungsprozesse sind in ihrem Ablauf der ständischen Vergemeinschaftung sehr ähnlich. Mit dem Anwachsen der Zahl der Konkurrenten um ökonomische Chancen wächst das Interesse der Beteiligten, die Menge der Konkurrenten einzuschränken:

"Die Form, in der dies zu geschehen pflegt, ist die: daß irgendein äußerlich feststellbares Merkmal eines Teils der (aktuell oder potentiell) Mitkonkurrierenden: Rasse, Sprache, Konfession, örtliche oder soziale Herkunft, Abstammung, Wohnsitz usw. von den anderen zum Anlaß genommen wird, ihren Ausschluß vom Wettbewerb zu erstreben" (Weber 1972: 201).

Soziale Schließung impliziert, so Parkins Fortführung von Webers Konzept, zwei reziproke Handlungstypen: zum einen die *Ausschließungsstrategien*, zum anderen die dadurch hervorgerufene Reaktion des *solidarischen Zusammenschlusses* der Ausgeschlossenen.

Parkin betrachtet die Ausschließungsstrategien als die wichtigste Schließungsform in nahezu allen Schichtungssystemen. Ausschließung bedeutet, daß

"eine soziale Gruppe den Versuch unternimmt, ihre Privilegien durch die Unterordnung einer anderen Gruppe zu erhalten oder zu vermehren, d.h. eine andere Gruppe oder Schicht als unter der eigenen stehend auszugrenzen" (Parkin 1983: 124).

Ziel derartiger Ausschließungsprozesse ist auch Weber zufolge die

"*Schließung* der betreffenden (sozialen und ökonomischen) Chancen gegen Außenstehende" (Weber 1972: 202).

"Kollektivistische" Ausschließung ist auf große Gruppen und darum auf Merkmale wie Nationalität oder Geschlecht bezogen und wird unabhängig vom konkreten Individuum praktiziert (Parkin 1983: 128). Im Gegensatz dazu verfügt gemäß den meritokratischen Prinzipien des "Kredentialismus" jedes Individuum über sein eigenes Merkmal, die formale Qualifikation bzw. das Prüfungszeugnis, das über Ausschluß oder Zutritt entscheidet. Darum bezeichnet Parkin diese Ausschließungsform als *"individualistisch"* (ebd.: 127). Rein meritokratische Prinzipien sind mit kollektivistischer Ausschließung nicht vereinbar.

Es ist demzufolge das interessengeleitete *soziale Handeln*, durch das die Offenheit der Marktbeziehungen ersetzt wird durch Vergesellschaftungs- oder Vergemeinschaftungsformen (Weber 1972: 23, Parkin 1983: 131), die dem als außenstehend definierten "Anderen" die gruppeninternen Ressourcen und Chancen verweigern. Der Hinweis auf den Begriff der Ausschließungsstrategien ist darum so wichtig, weil er eine Erklärung der Heterogenität innerhalb der Klassen liefert, die vor allem von der marxistisch inspirierten Klassenanalyse übergangen wurde. Ein Prozeß der Abgrenzung besteht beispielsweise in den Bestrebungen des "whitecollar"- Proletariats, sich von anderen Gruppen durch spezielle formale Qualifikationen und Professionalisierungen abzuheben (Parkin 1983: 132). Die ausgeschlossene Gruppe kann diesen Prozessen nur beggnen, indem auch sie sich "ein Revier mit entsprechendem Ausschließlichkeitsanspruch und -recht zusichert" (Sengenberger 1987: 96, vgl. Parkin 1983: 124f).

In Anlehnung an Parkin und Kreckel wird im Folgenden das Konzept der sozialen Schließung auf die Segmentation von Arbeitsmärkten angewandt. Soziale

Schließung strukturiert den Arbeitsmarkt derart, daß zwischen "ins" und "outs" anhand von berufs- oder betriebsspezifischen Qualifikationen selektiert wird (Kreckel 1983a: 147f).

Auch in der Perspektive Sengenbergers (1987: 63) ist die soziale Schließung eine wesentliche Komponente der Strukturierung von Arbeitsmärkten. Er betont jedoch:

"Soziale Schließung setzt (..) im allgemeinen eine starke Machtposition der Gruppe voraus, etwa eine Monopolstellung oder ein auf wechselseitigen Interessen basierendes Kooperationsverhältnis der Gruppe mit dem Arbeitgeber" (ebd.).

Wie es zu sozialen Schließungsprozessen im segmentierten Arbeitsmarkt kommt und wie die Interessen zwischen Arbeitnehmer und Arbeitgeber in innerbetrieblichen Arbeitsmärkten konvergieren können, wird in Kapitel 5 erläutert.

2.2.4 Das hierarchische Prinzip in der Herrschaftssoziologie Webers und Simmels

Im Gegensatz zu den kollektiven Konstruktionen von "sozialer Ehre", wie sie den ständischen Schließungen zugrundeliegen, ist das von Kreckel (1992: 66ff) in Anlehnung an Webers Ausführungen über die Parteien und Organisationen herausgearbeitete *hierarchische Prinzip* ein ähnlich objektiver Sachverhalt wie die Klassenlage.

Zur Herleitung dieser Dimension sozialer Ungleichheit empfiehlt Kreckel (1992: 70f), Webers Ausführungen über Verbände und Betriebe heranzuziehen, weil dort die eigenständige Existenz *abstrakter Positionen* (Kreckel 1992: 73) beschrieben wird. Sowohl in den staatlichen Verwaltungen als auch in den Hierarchien kapitalistischer Betriebe ist die "Trennung des Arbeiters von den sachlichen Betriebsmitteln" (Weber 1972: 825) eine wichtige Voraussetzung für eine "rationale Organisation der Arbeit auf dem Boden rationaler Technik" (ebd.: 826). Die in den hierarchischen Organisationen tätigen Personen haben aufgrund dieser Trennung den Status abhängig Beschäftigter und sind insofern "besitzlos", als ihre Position innerhalb der Hierarchie weder direkt aus der Klassenlage resultiert noch als Folge ständischer oder sozialer Schließungsprozesse interpretiert werden kann. Vielmehr sind die Besetzungen der Positionen "ohne Ansehen der Person" unter dem Gesichtspunkt der Zweckmäßigkeit (Kreckel 1992: 72) legitimiert.

Damit ergeben sich die hierarchischen Strukturen in den (politischen oder wirtschaftlichen) Betrieben nicht mehr aus Beziehungen zwischen Personen, sondern aus Beziehungen zwischen abstrakten *Positionen*, denen jeweils spezifische Kompetenzen, Gratifikationen sowie Befehls- und Gehorsamsverhältnisse zugeordnet sind (ebd.). Je höher die Position innerhalb einer Hierarchie, desto höher ist in der Regel zumeist das Einkommen ihres Inhabers, aber auch seine individuelle

Handlungsautonomie und Anordnungsbefugnis. Darüberhinaus steigt mit der Höhe der Position die Verfügbarkeit über andere Menschen (ebd.: 82), deren Handeln und deren Zeit.

Im Gegensatz zu Kreckel, der die hierarchische Organisation als eine von mehreren Ressourcen sozialer Ungleichheit aus der klassischen Diskussion heraus entwickelt und vor allem ihren *relationalen* Aspekt, also "das Phänomen der asymmetrischen Beziehungen zwischen Personen" (ebd.: 83) betont, soll im folgenden die *Eigenständigkeit der Position gegenüber der Person* hervorgehoben werden.

Weber (1972: 835) selbst beschreibt diesen Sachverhalt implizit, wenn er die moderne Bürokratie metaphorisch mit einer Maschine vergleicht:

"Geronnener Geist ist auch jene lebende Maschine, welche die bürokratische Organisation mit ihrer Spezialisierung der geschulten Facharbeit, ihrer Abgrenzung der Kompetenzen, ihren Reglements und hierarchisch abgestuften Gehorsamsverhältnissen darstellt."

Dabei hat er *formale Strukturen* der Organisation sowohl im modernen Staat als auch in der "modernen gewerblichen Arbeit" (ebd.) vor Augen, die nicht von konkreten Personen, sondern von einem funktional erforderlichen Personen*typus* getragen werden: dem modernen, fachgeschulten Beamten, der seine Tätigkeit gemäß den an die Position gebundenen Vorschriften exekutiert.

Auf diesen der Rationalisierung der Herrschaftsbeziehungen inhärenten, von Weber ansonsten nicht näher ausgeführten Sachverhalt der Eigenständigkeit der Positionen weist Georg Simmel in seinem Kapitel zur "Über- und Unterordnung" (Simmel 1983: 101ff) im Rahmen seiner "Untersuchungen über die Formen der Vergesellschaftung" explizit hin. In "primitiven Zeiten" (ebd.: 177) - Simmel meint damit weniger differenzierte Gesellschaften - resultierte Herrschaft aus direkter persönlicher Überlegenheit bestimmter Personen. Die Fürsten mußten darum außeralltägliche "Vollkommenheiten" (ebd.) vorweisen. Die Legitimität der Über- und Unterordnungen war eng an den individuellen Charakter des Herrschers gebunden.

Infolge einer quantitativen Erweiterung der Herrschafts- bzw. der normativen Geltungsbereiche sind die Herrschaftsverhältnisse von feststehenden Organisationen geprägt und in eine "objektive Form übergeführt" (ebd.: 178), wodurch sich der Herrscher oder die Norm von dem Individualcharakter lösen und Allgemeingeltung über differenziertere Gebilde hinweg beanspruchen kann (ebd.: 177). Mit der Differenzierung des Herrschaftsbereiches steht folglich eine Differenzierung, Spezialisierung und Arbeitsteilung innerhalb des "Regimes" (ebd.: 178) in engem Zusammenhang und die resultierende "objektive Form" der Herrschaftsorganisation führt zu einer eigenständigen Existenz sozialer Positionen:

"Arbeitsteilung aber steht überall in Wechselbeziehung mit der Objektivierung des Handelns und der Verhältnisse...Das Apriori der Beziehung sind jetzt nicht mehr die Menschen mit ihren Eigenschaften, aus denen die soziale Relation entsteht, sondern diese Relationen als objektive Formen, 'Stellungen', gleichsam leere Räume und Umrisse, die erst von Individuen 'ausgefüllt' werden sollen" (Simmel 1983: 178).

2.2.5 Die Verteilung der Positionen in der gesellschaftshistorischen Entwicklung

Aus Sicht derjenigen "die durch die Positionen, die bestimmten Geldbesitzen entsprechen, wie rein zufällige Ausfüllungen durch feste, gegebene Formen hindurchgehen" (Simmel 1983: 178), handelt es sich bei status- und prestigeträchtigen sozialen Positionen um erstrebenswerte Güter. In der Perspektive der "neuen Strukturalisten" (Brüderl 1991: 13, vgl. Becker, R. 1993: 77), die teilweise direkt an Simmels Konzept der Position anknüpfen (Sørensen 1983: 206, 1991: 72), sind diese Güter nicht unbegrenzt verfügbar, sondern die Positionen müssen *vakant* sein, bevor sie durch eine neue Person besetzt werden können.

Hierarchische Organisationen, die die Positionen als eigenständige soziale Einheiten festschreiben und nicht nur in staatlichen oder privatwirtschaftlichen Verwaltungen, sondern ebenso im Produktionsbereich vorzufinden sind (Brüderl/Preisendörfer/Ziegler 1993: 178), werden daher im folgenden unter dem Aspekt der *Gelegenheitsstrukturen*, konkret: der *Verfügbarkeit von vakanten Positionen* betrachtet.

Die Wirkung der Gelegenheitsstrukturen als Variable der *Makro*ebene manifestiert sich - wie die Wirkung einer jeden Variablen - anhand ihrer *Veränderung*. Veränderung makrosozialer Strukturen ist gleichbedeutend mit gesellschaftlichem Wandel. Ein Wandel der Positionenstruktur in der gesellschaftshistorischen Zeit bevorteilt oder beeinträchtigt einerseits die Lebenslagen und Karrierechancen von *Kohorten* (Blossfeld 1989: 36), indem die zu unterschiedlichen historischen Zeitpunkten in das Erwerbssystem eintretenden Kohorten mit unterschiedlichen Gelegenheitsstrukturen und veränderten institutionellen Kontexten konfrontiert werden. Der erste ungleichheitsrelevante Aspekt der Gelegenheitsstruktur ist darum die "*Kohortendifferenzierung*" (Blossfeld 1989). Andererseits steht jede Person, die sich zu einem bestimmten Zeitpunkt im Erwerbssystem befindet, einer jeweils historisch spezifischen Gelegenheitsstruktur gegenüber. Karl-Ulrich Mayer (1990: 8) betont aus diesem Grund: Die Erhebung personenbezogener Längsschnittdaten

"eröffnete (..) zum ersten mal die Möglichkeit, gesellschaftliche Strukturen und deren Veränderung partiell aus individuellen Verläufen zu rekonstruieren".

Nur in der Perspektive des *Lebenslaufs* können die makrosozialen Prozesse als "generierende Mechanismen der Zuschreibung von Ungleichheiten" (Mayer/Blossfeld 1990: 302) identifiziert werden. Das liegt daran, daß die Kohorten von bestimmten gesellschaftlichen Strukturbedingungen einer historischen Periode (z.B. Massenarbeitslosigkeit oder Dezimierung ganzer Geburtsjahrgänge durch Krieg) *während unterschiedlicher Phasen ihrer Biographie* betroffen sind und darum auch in unterschiedlicher Weise davon beeinflußt werden (Blossfeld 1989: 25). Aus diesem Grund behauptet Blossfeld (ebd.), daß sozialer Wandel nur vermittelt über das Medium des *Lebensverlaufs* adäquat nachvollzogen werden kann, indem also erkannt wird, wie sich sozialer Wandel in einer Differenzierung der Lebensverläufe verschiedener Kohorten niederschlägt. Und nur Lebensverlaufsdaten lassen eine Entflechtung der in der empirischen Forschung üblicherweise konfundierten Zeitebenen zu und liefern auf diese Weise erst die Voraussetzung für die notwendige Differenzierung institutioneller und kontextueller Faktoren in Lebenslauf-, Kohorten- und Periodeneffekte.

Kohorten- und Periodeneffekte messen unterschiedliche Einflüsse derselben Kontextvariablen. So können beispielsweise Berufseintrittskohorten die zum Eintrittszeitpunkt erfahrenen schlechten beruflichen Chancen entweder im Verlauf des weiteren Prozesses durch schnellere Aufstiege kompensieren oder sie bleiben gerade aufgrund dieser ungünstigen Einstiegsbedingungen in ihrem gesamten Karriereverlauf benachteiligt (Blossfeld 1989: 36). Gleich, welche Form von Kohorteneffekt empirisch auftritt: die Wirkung der *Perioden*effekte, die die zu jedem beliebigen Zeitpunkt einer Karriere aktuellen Kontextbedingungen messen, sind davon unabhängig und müssen dementsprechend modelliert werden.

Schließlich ist ebenfalls das individuelle Merkmal der Verweildauer im Erwerbssystem zu Beginn eines Jobs, die Berufserfahrung (Lebenslaufeffekt), von den anderen beiden Zeitachsen zu trennen (Blossfeld 1989: 19f). In diesem Zusammenhang machte Willard L. Rogers (1982: 783) den Vorschlag, zumindest eine der drei Zeitebenen durch eine direkte, dem jeweils zugrundeliegenden theoretischen Konzept adäquatere Messung der Perioden-, Kohorten- oder Lebenslaufvariablen zu ersetzen. Dies geschieht dadurch, daß anstelle des Kalenderjahres konkrete, theoretisch begründet ausgewählte Variablen, die den gesellschaftlichen Zustand in dieser Periode anzeigen, in die Modelle einbezogen werden. Hinsichtlich unserer Fragestellung handelt es sich dabei um zeitveränderliche Indikatoren der Positionenstruktur wie etwa der Anteil der Pensionäre oder des Tertiarisierungsniveaus.

Die zeitveränderliche Verteilung potentiell vakanter Positionen - die *Gelegenheitsstruktur* auf der Makroebene - als wichtige, oftmals vernachlässigte Dimension von Lebenschancen, und die *Dynamik* sowohl auf der Mikro- als auch der Makroebene können folglich nicht losgelöst voneinander betrachtet werden. Der Operationalisierung der kausalen Wirkung von makrosozialen Gelegenheitsstrukturen auf Statusmobilität ist eine dynamische Perspektive zwangsläufig inhärent.

Die eigenständig existierenden Positionen sind überdies eng verknüpft mit mehr oder weniger präzisen, häufig rechtlich eindeutig festgelegten Kompetenz- und Qualifikationsanforderungen, da für die rationalen, bürokratischen Herrschafts- und Produktionsapparate Disziplin, Fachwissen und Geschultheit unentbehrlich sind (Weber 1972: 128). Sofern die Mechanismen des freien Arbeitsmarktes nicht durch Prozesse sozialer Schließung außer Kraft gesetzt sind, sofern also ein "perfekter Wettbewerb" existiert, dient der "Tauschwert" des *symbolischen Wissens* (Kreckel 1992: 79) einer Person als *Ressource*, die in der *Marktkonkurrenz* um attraktive Positionen eingesetzt werden kann. Die Verfügbarkeit über symbolisches Wissen ist damit eine wesentliche Determinante der Marktlage (Weber) in modernen Arbeitsgesellschaften.

2.3 Zusammenfassung und Schlußfolgerung: Der Statuszuweisungsprozeß zwischen Marktlage und strukturellen Vorgaben

Damit können wir die von Mayer (1987a: 378f) beschriebenen Formen der "Institutionalisierung" bzw. der *Strukturierung* von Ungleichheiten um den Aspekt der Verfügbarkeit von vakanten Positionen ergänzen und erhalten schließlich drei hinsichtlich unserer Fragestellung relevante Dimensionen, die den intragenerationalen Statuszuweisungsprozeß bestimmen: *individuelle Ressourcen, soziale Schließung* und *die Verfügbarkeit von vakanten Positionen in hierarchischen Organisationen*[1].

In den folgenden Abschnitten werden die Dimensionen sozialer Ungleichheit theoretisch konkretisiert und aus ihnen empirisch überprüfbare Hypothesen über Statusmobilität im Lebensverlauf abgeleitet. Soziale Mobilität bedeutet in der vorliegenden Arbeit den Wechsel von Positionen der Stellung im Beruf, deren Wertigkeit empirisch über eine Skala des sozialen Status operationalisierbar ist (Kapitel 7).

Anhand der Vielfalt von Ungleichheitsdimensionen sollte gezeigt werden, daß sich die Ungleichheit von Erwerbsverläufen nicht durch eine einzige Dimension, etwa der Marktlage, erschöpfend modellieren läßt, sondern ein ganzes Gemisch von Ressourcen mit möglicherweise jeweils verschiedenen Gewichtungen ungleich verteilt sein kann.

Die drei oben beschriebenen Dimensionen entscheiden nicht nur über die Qualität der Lebenslage, sondern ebenso - aus der nun eingenommenen Längsschnittperspektive - über den *intragenerationalen Statuszuweisungsprozeß*, in dessen

---

[1] Eine dritte Institutionalisierungsform sozialer Ungleichheit stellt bei Mayer (1987a: 379) die "politisch vermittelte Ressourcenallokation aufgrund von Machtunterschieden" dar.

Verlauf ein bestimmtes Niveau an materiellen und nicht-materiellen Gratifikationen erst erworben wird. Dieses Gratifikationsniveau ist folglich nicht über die Zeit hinweg konstant, vielmehr ist das Individuum zu jedem Zeitpunkt dem Risiko des Statusgewinnes oder -verlustes ausgesetzt. *Entscheidend beeinflußt wird dieses Risiko von den vorhanden Ressourcen, von den durch soziale Schließung hervorgebrachten Strukturen sozialer Ordnung und schließlich durch die jeweils aktuelle Verfügbarkeit vakanter Positionen.* Die drei beschriebenen Dimensionen existieren jedoch nicht unabhängig voneinander, sondern bilden gemeinsam im Prozeß der Mobilität innerhalb der Ungleichheitsstruktur ein System von Wechselbeziehungen.

Materieller Reichtum und insbesondere die Verfügung über das Tauschmedium *Geld* (vgl. Kreckel 1992: 78) gilt als wichtiger Indikator für die Lebenslage eines Individuums. Zwar ist das Einkommen in den verwendeten Daten nicht direkt gemessen, doch es existiert eine relativ enge Beziehung zwischen dem Einkommen, dem Prestige und der Position im Erwerbsleben (Kapitel 7, Abschnitt 2). Mit einer Änderung der beruflichen Stellung ändert sich in der Regel sowohl das verfügbare Einkommen als auch das Prestige. Der *Zugang* zu den erschwünschten Positionen hängt unter anderem ab vom symbolischen Wissen, der Qualifikation, kurz: den *individuellen Ressourcen* einer Person, die sowohl während der allgemeinen Schulbildung, der Berufsausbildung oder "on the job" erworben werden.

Aufgrund von Prozessen *sozialer Schließung* auf dem Arbeitsmarkt und der daraus resultierenden Segmentation kommt es zu strukturellen Zugangsbeschränkungen zu bestimmten Positionen, da in den benachteiligten Arbeitsmarktsegmenten die Chancen zu sozialen Aufstiegen gering sind. Verbleibt eine Person in einem derartigen Arbeitsmarktsegment, bleibt dies wiederum nicht ohne Folgen für ihre Ressourcen, da Weiterbildungsmaßnahmen in diesen Segmenten selten stattfinden und Humankapitalinvestitionen sich nur selten auszahlen (Szydlik 1991: 253).

Wie bei Weber implizit angedeutet, bei Simmel explizit ausgearbeitet, führt schließlich die *hierarchische Organisation* zu einer Festschreibung der Position. Sie wird zu einer eigenständigen sozialen Einheit. Eine Voraussetzung für soziale (Aufstiegs-) Mobilität bildet die Existenz von Opportunitäten in Form von *vakanten* Positionen innerhalb einer hierarchischen Struktur, die als eigenständige soziale Tatsache dem handelnden Akteur den Rahmen möglicher Statusgewinne vorgibt.

Anhand der bisherigen Ausführungen sollte deutlich geworden sein, daß die zentralen Modi der intragenerationalen Statuszuweisung in zwei Sphären zu verorten sind.

Zum einen auf dem *freien Markt*, auf dem die Akteure um die Chance auf eine berufliche Stellung mit möglichst hohem Gratifikationsniveau konkurrieren (Marx und Weber). Ihre Ressource, die sie im Austausch für diese Positionen anzubieten haben und die das Maß ihrer Konkurrenzfähigkeit bestimmt, ist die Qualifikation, in modernen Industriegesellschaften das *symbolische Wissen*. Der Markt ist Gegenstand einer akteurszentrierten, *ökonomischen* Perspektive: der Humankapitaltheorie (Kapitel 3).

Zum anderen werden die Grenzen der ökonomischen Ansätze aufgezeigt, da sie weder die strukturelle Wirkung der Verteilung der "abstrakten Positionen" (Simmel) in hierarchischen Organisationen, noch die sozialen Schließungsprozesse (Weber und Parkin) im segmentierten Arbeitsmarkt angemessen berücksichtigen. Diese *sozialen Strukturen* sind Gegenstand der *soziologischen* Perspektive der Vakanzkettentheorie und der Vacancy Competition Theorie (Kapitel 4), sowie der Theorie der Arbeitsmarktsegmentation von Werner Sengenberger (Kapitel 5).

Nach der bundesdeutschen Variante der Segmentierungstheorie findet eine soziale Schließung sowohl in den berufsfachlichen als auch in den internen Arbeitsmärkten statt (Kreckel 1992: 198, Sengenberger 1987: 150ff). Es wird darum ebenfalls überprüft, inwieweit sich die Arbeitsmarktsegmentation auf intragenerationale Karrierechancen auswirkt, inwieweit also die von bestimmten Gruppen verfolgten *Praktiken der sozialen Schließung* (Parkin 1983: 131f) dem Individuum gegenüber zu festen Strukturen gerinnen und die individuellen Einflußmöglichkeiten auf den Statuserwerbsprozeß beschränken.

3 Die individuellen Ressourcen in den ökonomischen Ansätzen: die Humankapitaltheorie

3.1 Nutzenmaximierung und Investitionsverhalten

Analog zum traditionellen Kapitalbegriff der Ökonomie entwickelten insbesondere Gary S. Becker (1982, 1993) und Jacob Mincer (1993) den Begriff des Humankapitals. Mit diesem Konzept wird die ökonomische Produktivität von Personen vor allem als Resultat von zuvor getätigten Investitionen in die eigene Qualifikation betrachtet.

Für Becker, den Gewinner des Nobel Memorial Prize in Economic Science 1992, unterscheidet sich die Ökonomie von der Soziologie nicht durch den Gegenstand der Disziplinen. Beide Wissenschaften sind hinsichtlich einer bestimmten Schnittmenge von zu erklärenden menschlichen Verhaltensweisen nahezu deckungsgleich. Es ist vielmehr der spezielle Erklärungsansatz mit seiner Betonung besonderer Prämissen, der charakteristisch ist für die Ökonomie (Becker, G.S. 1982: 4): das Marktgleichgewicht, das nutzenmaximierende Verhalten und die Präferenzstabilität der Akteure.

"Alles menschliche Verhalten kann (..) so betrachtet werden, als habe man es mit Akteuren zu tun, die ihren Nutzen, bezogen auf ein stabiles Präferenzsystem, maximieren und sich in verschiedenen Märkten eine optimale Ausstattung an Informationen und anderen Faktoren schaffen" (ebd.: 15).

In dieser ökonomischen Perspektive versuchen die Akteure auf dem Markt ihre Versorgung mit knappen Gütern zu optimieren. Der uns in den folgenden Analysen der Statusmobilität im Lebensverlauf interessierende Markt ist der *Arbeitsmarkt* mit den beiden Akteuren *Arbeitnehmer* und *Arbeitgeber*. Übertragen auf den Arbeitsmarkt besteht das nutzenmaximierende Verhalten der Akteure darin, daß es auf der einen Seite im Interesse der Arbeitgeber liegt, Arbeitskräfte mit möglichst hoher Produktivität zu rekrutieren, die Arbeitnehmer andererseits auf eine relativ zu ihren Kompetenzen maximale Vergütung ihrer Leistungen abzielen. Somit liegt der Humankapitaltheorie die - realistische - Prämisse der *Inhomogenität* des Faktors Arbeit hinsichtlich der Produktivität zugrunde. Offenbar war dies in der klassischen ökonomischen Theorie keineswegs selbstverständlich (vgl. Diekmann 1985: 9, Keller 1985: 658).

Die durch den Arbeitnehmer antizipierte Gratifikation stellt einen Anreiz dar, die eigenen verfügbaren Ressourcen durch Investitionen in das Humankapital zu verbessern, um im Gegenzug den Ertrag des mit dem Arbeitgeber eingegangen Austauschprozesses zu erhöhen. Investitionen sind in der Ökonomie jedoch immer mit *Kosten* verbunden. Bezüglich der Humankapitalinvestitionen entstehen direkte und indirekte Kosten der Ausbildung. Direkte Kosten sind beispielsweise das Unterrichtsmaterial oder Schulgeld bzw. vergleichbare Gebühren. Indirekte Kosten bestehen im *nicht* realisierten Einkommen, das eine in der Ausbildung befindliche Person erzielen könnte, partizipierte sie vollzeit-erwerbstätig am Arbeitsmarkt (Becker, G.S. 1993: 166, Mincer 1993a: 70). Die Kalkulation der Akteure verläuft dabei entlang der Achse des Grenznutzens, was bedeutet, daß eine Investition in das Humankapital durch Qualifizierung nur stattfindet,

> "if the returns from learning were sufficiently great, that is, only if the returns from learning - the higher earnings later on - offset the costs of learning - the lower earnings initially. Thus choosing between activities 'with a future' and 'dead-end' activities involves exactly the same considerations as choosing between continuing one's education and entering the labor force - whether returns from higher subsequent earnings sufficiently offset costs in the form of lower initial ones" (Becker, G.S. 1993: 67f).

Humankapital ist damit gleichbedeutend mit der *Produktivität* von Individuen, welche in modernen Industriegesellschaften wiederum eine Funktion von "knowledge, skills, and a way of analyzing problems" darstellt (ebd.: 19). Variationen in den Lohnniveaus zwischen Individuen spiegeln unterschiedliche Niveaus an Produktivität wider, und die Produktivität steigt als Folge von Humankapitalinvestitionen an (Blossfeld 1987: 75). Das unterstellte Marktgleichgewicht sorgt dafür, daß eine Person im Erwerbssystem eine ihrer Produktivität adäquate Belohnung zu erwarten hat. Daraus folgt, daß beispielsweise eine Investition in die eigenen Ressourcen in Form einer Weiterqualifikation die Gratifikation durch Lohnzuwachs erhöhen müßte, damit das Marktgleichgewicht wiederhergestellt ist.

Die der neoklassischen Humankapitaltheorie inhärente Gleichgewichtsannahme im Zustand perfekten Wettbewerbs auf dem Arbeitsmarkt würde ein Marktungleichgewicht genau genommen gar nicht zulassen, da jedem Niveau an individuellen Ressourcen auf Arbeitgeberseite exakt ein adäquates Niveau an Gratifikationen entspräche (Diekmann 1985: 7, Tuma 1985: 329) und Person und Job über den Marktmechanismus optimal aneinander angepaßt wären. Das Auftreten von Auf- oder Abstiegsmobilität, der Wechsel von Positionen, impliziert, daß sich entweder der Arbeitgeber oder der Arbeitnehmer infolge der marktmäßigen Positionszuweisung nicht im Gleichgewicht befinden und die Verbindung von Person und Position darum wieder löst (Tuma 1985: 330).

Über die *Ursachen* der Mobilität von Arbeitnehmern wird daher von der Humankapitaltheorie nichts ausgesagt, sondern nur über das Investitionsverhalten im Verlauf der Arbeitnehmerbiographie, über den Verlauf der Lohnzuwachsrate und über den Konkurrenzvorteil höher qualifizierter Arbeitskräfte bei Mobilitätsprozessen (Blossfeld 1989: 30). Während der Erwerbsbiographie nimmt die Intensität der Humankapitalinvestitionen in der Regel kontinuierlich ab. Zum einen, weil mit zunehmenden Alter die verbleibende Zeitspanne schrumpft, in der sich die Ausbildungsinvestitionen in Form von erhöhtem Einkommen amortisieren können, weshalb der erwartbare Nutzen der Investition mit dem Älterwerden immer geringer wird (Becker, G.S. 1993: 78, Blossfeld 1990: 122; Mincer/Polachek 1993: 108). Zum anderen, weil sich mit zunehmendem Alter die Kosten der Ausbildung in Form von während der Ausbildungsphase *nicht* erzieltem Einkommen erhöhen (Becker, G.S. 1993: 79).

Da die nach Nutzenmaximierung strebenden Akteure den Faktor Zeit in dieser Weise in ihre Kalkulationen mit einbeziehen, wird für die Makroebene eine Zeitabhängigkeit der Karriereprozesse behauptet, indem Lohnzuwächse und Prestigegewinne mit zunehmender Karriereerfahrung immer geringer werden (Blossfeld 1987: 75).

3.2 Die Integration von Marktungleichgewichten in die Humankapitaltheorie bei Nancy Brandon Tuma

In der Perspektive der "modifizierten Form der Humankapitaltheorie" (Blossfeld 1989: 142) von Nancy Brandon Tuma wird der Statuszuweisungsprozeß als Austauschprozeß zwischen Arbeitnehmer und Arbeitgeber betrachtet, der sich unter der Bedingung *unvollständiger Information* über das Zusammenpassen von Person und Position vollzieht. Darüberhinaus gilt die Prämisse, daß ein Zusammenfinden von Person und Job auf beiden Seiten „Suchkosten" verursacht, deren Höhe abhängig sind von der Zeit, die die Suche nach einer adäquaten Stelle oder einem adäquaten Arbeitnehmer in Anspruch nimmt.

Sowohl die Arbeitgeber als auch die Bewerber greifen nach Tuma aufgrund der unvollständigen Information auf beobachtbare Indikatoren zurück: die Arbeitgeber auf Indikatoren der Produktivität des Bewerbers (Zertifikate), die Arbeitnehmer auf Indikatoren der durch die Position erwartbaren Gratifikation (Einkommen, Prestige) (Tuma 1985: 330). Kommt es dabei zu einer Fehlallokation, das heißt, zu einer Fehlanpassung von Person und Job, erhöht sich die Tendenz zur Mobilität (ebd.: 331), da sowohl Arbeitnehmer als auch Arbeitgeber bestrebt sind, die im Austauschprozeß hingenommenen "unerwarteten Verluste" zu kompensieren (Blossfeld 1989: 43, Becker/Schömann 1996: 430). Aus Sicht der Arbeitnehmer bedeutet dies, daß sie eine Position suchen, die den aufgrund der vorhandenen Ressourcen erwartbaren Belohnungen entspricht (Tuma 1976: 344).

Rolf Becker und Ekkart Zimmermann (1995: 360) entwickelten in Anlehnung an Tumas Ansatz das Konzept der "negativen Statusinkonsistenz". Dabei handelt es sich um einen Zustand, der aus unerwarteten Verlusten des Arbeitnehmers resultiert und nachweislich erhöhte Aufstiegsraten zur Folge hat (ebd.: 368f). Andererseits hat sich ihre Hypothese, daß unerwartete Gewinne des Arbeitnehmers ("positive Statusinkonsistenz") zu erhöhten Abstiegsraten führen, empirisch nicht bestätigt (ebd.: 370).

Fehlallokationen sind unter den Prämissen der Suchkosten und der unvollständigen Information prinzipiell immer möglich, da zum einen die beobachtbaren Indikatoren unzuverlässig sein können und sich zum anderen eine Fehlanpassung von Person und Job mit steigenden Suchkosten sowohl für den Arbeitnehmer als auch für den Arbeitgeber als die günstigere Alternative erweisen kann. Aufgrund der Zufälligkeit des Auftretens von Fehlallokationen sind Auf- und Abstiege gleich wahrscheinlich (Tuma 1985: 331).

Die Wahrscheinlichkeit unerwarteter Verluste auf Arbeitnehmerseite ist um so größer, je geringer das Gratifikationsniveau der Position und je höher die Ressourcen des Arbeitnehmers sind (Tuma 1976: 339, 1985: 332). Die Wahrscheinlichkeit eines Aufstiegs steigt, da die Arbeitnehmer ihre Bildungsressourcen zur Kompensation mobilisieren können. Der entgegengesetzte Zustand - unerwartete Gewinne seitens des Arbeitnehmers durch eine Position, deren Qualifikationsanforderungen er nicht gerecht wird - führt zu vermehrten Abstiegen (Blossfeld 1989: 45).

Der theoretische Fortschritt in Tumas Ansatz liegt darin, daß er die restriktive Annahme eines Marktgleichgewichtes, wie sie der neoklassischen Humankapitaltheorie zugrundeliegt, aufgibt, die Möglichkeit von Fehlallokationen explizit berücksichtigt und damit eigentlich als erste Variante der Humankapitaltheorie überhaupt in der Lage ist, intragenerationale Mobilitätsprozesse zu *erklären*. Nur im Zustand des *Ungleichgewichts* tritt Mobilität auf:

> "In equilibrium, job shifts do not occur because no one can improve upon his present situation. Thus, the occurrence of a job shift implies that either the employer or the employee is not in equilibrium" (Tuma 1985: 330).

Muß eine Person hohe Kosten bei der Suche nach einer adäquaten Stelle hinnehmen, ist die Wahrscheinlichkeit einer Fehlallokation zusätzlich erhöht. Übersteigen die Suchkosten ein bestimmtes Limit, ist sie eher bereit, unerwartete Verluste im Austauschprozeß mit dem Arbeitgeber zu akzeptieren, indem sie eine Position annimmt, deren Belohnungsniveau unterhalb ihrer produktiven Ressourcen bzw. des von ihr erwarteten Gratifikationsniveaus liegt. Mit steigender Berufserfahrung und mit der Zahl bereits erlebter Mobilitätsprozesse treten Fehlallokationen immer seltener auf, weshalb sowohl die Auf- als auch die Abstiegswahrscheinlichkeit abnimmt. Sind sowohl Prestige des Ausgangsjobs als auch die individuellen Ressourcen kontrolliert, verschwindet der zuvor signifikante negative Effekt der Berufserfahrung (Sørensen/Tuma 1981: 86), weshalb Sørensen und Tuma sie als Indikatorvariable für die Anpassung von Ressourcen und Belohnungen betrachten (ebd.).

Hans-Peter Blossfeld (1987: 85, 1989: 144) erweitert Tumas Ansatz durch die Verknüpfung des Suchkostenargumentes mit einer weiteren *Zeitdimension*, indem er den *Wandel der Arbeitsmarktsituation* als Indikator für das Auftreten von Marktungleichgewichten heranzieht. Findet der Berufseinstieg unter guten Arbeitsmarktbedingungen statt und sind die Suchkosten für den Arbeitnehmer darum geringer, sind unerwartete Gewinne auf Seiten des Arbeitgebers im Sinne einer Unterplazierung des Beschäftigten unwahrscheinlicher und weitere Aufstiege - denen gemäß Tumas Perspektive ja die Funktion einer Kompensation eventueller Unterplazierungen zukommt - folglich seltener.

Aufgrund der Berücksichtigung der Markt*bedingungen* verläßt Blossfelds Variante der Humankapitaltheorie das Fundament der neoklassischen Ökonomie und erhält eine *soziologische* Fassung. Veränderte (Arbeitsmarkt-) Bedingungen sind strukturelle Kontexte, deren Bestimmungsgründe in der demographischen Zusammensetzung der Gesellschaft, der Beschäftigungsstruktur und Wirtschaftspolitik, der Bildungsexpansion, aber auch in konjunkturellen Schwankungen und Qualifikationsprofilen der aus schrumpfenden Wirtschaftszweigen freigesetzten Arbeitnehmer (Scharper 1989: 36) liegen. Die Bestimmungsgründe der Marktbedingungen sind jedoch auf der *makrosozialen* Ebene zu verorten, auf die ein Akteur, der in seine persönlichen Ressourcen investiert, um einen Lohn- oder Statuszuwachs zu erreichen, keinen Einfluß hat. Es handelt sich bei diesen Bedingungen folglich um *externe* zeitabhängige Kovariablen. Externe zeitabhängige Kovariablen sind von dem untersuchten Prozeß des Akteurs selbst nicht beeinflußbar (Blossfeld/Müller 1996: 400). Eine direkte Übersetzung der individuellen Ressourcen in ein adäquates Statusniveau muß folglich fehlschlagen, wenn die sich in der gesellschaftshistorischen Zeit verändernden strukturellen Bedingungen der Makroebene dies nicht zulassen.

3.3 Die Opportunitätskosten in der Familienökonomie

Neben der Entstehung von sozialer Ungleichheit bzw. Einkommens- und Statusdifferenzen werden darüberhinaus Prozesse der Bildung und Entwicklung von Familien anhand des Paradigmas ökonomisch kalkulierender Akteure erklärt. Dieses Paradigma ist konstitutiv für die *Familienökonomie*.

Die theoretische Hauptkomponente der Familienökonomie besteht darin, die Familie zu betrachten

> "as an economic unit which shares consumption and allocates production at home and in the market as well as the investments in physical and human capital of its members" (Mincer/Polachek 1993: 105).

Familienhaushalte praktizieren neben dem Konsum von Gütern ebenso die *Produktion* bestimmter elementarer Güter ("commodities"). Einer "kleine(n) Fabrik" (Becker, G.S. 1982: 101) vergleichbar, kombinieren sie Investitionsgüter ("goods"), Rohstoffe und Arbeit und schaffen dadurch elementare Güter der *Reproduktion*, "commodities", also beispielsweise Nahrung oder Fortpflanzung. Weil die Familienmitglieder mit unterschiedlichen Fähigkeiten und Einkommenschancen ausgestattet sind und diese möglichst optimal eingesetzt werden sollen, bedingt die Familie als ökonomisch produzierender Kollektiv-Akteur eine interne Arbeitsteilung und Spezialisierung (Mincer/Polachek 1993: 105). Die in der Regel traditionelle Verteilung der Rollen - die Haushaltätigkeit und Kinderbetreuung der Frau und die Erwerbstätigkeit des Mannes - resultiert dabei aus dem tendenziell höheren Bildungs- und Einkommensniveau der Männer (Galler 1979: 200, von Zameck 1990: 138) und den damit einhergehenden Spezialisierungsvorteilen (Klein/Lauterbach 1994: 281, Blossfeld/Huinink 1990: 540). Die zur Produktion der innerfamiliär produzierten Güter benötigte Zeit, insbesondere zur "Aufzucht" und Betreuung von Kindern, stellt einen Kostenfaktor dar, da diese Zeit auch direkt produktiv zur Erwerbstätigkeit verwendet werden könnte. Mincer (1993b: 45) nennt diese Kosten "the opportunity cost of child care".

Je höher der potentielle Ertrag des Zeiteinsatzes auf dem Arbeitsmarkt, desto höher ist der Anreiz insbesondere für Frauen, eine Erwerbstätigkeit der Kindererziehung gegenüber vorzuziehen. Bei der Wahlentscheidung hochgebildeter Frauen erweist sich das Kind häufiger als 'unterlegenes Konsumgut', da der erwartbare Nettonutzen einer Erwerbstätigkeit höher ist als der des Kindes. Aufgrund der engen Beziehung zwischen den Bildungsressourcen und dem erwartbaren Einkommen erfährt das Bildungsniveau der Frau eine besondere Bedeutung für die Fertilität (Klein/Lauterbach 1994: 289), da für hochgebildete Frauen die Kosten des *nicht* realisierten Einkommens bei Verzicht auf eine Partizipation am Erwerbsleben besonders hoch sind:

> "The higher the female wage rate and the lower the husbands' earning power, the higher the labor-force rate and the smaller the fertility rate" (Mincer 1993b: 47).

Übertragen auf die Fragestellung der vorliegenden Arbeit bedeuten diese Überlegungen, daß dem Ereignis der Geburt eines Kindes eine fundamentale Bedeutung für den weiteren Karriereverlauf der Frau zukommt. In den meisten Fällen ist damit der Konflikt zwischen Haushalt und Beruf entschieden und ein Vollzeit-Engagement der Frau im Beruf zumindest solange unterbrochen, bis das Kind keine zeitintensive Betreuung mehr beansprucht. Die Berufstätigkeit hat sich für sie, sofern sie sich für ein Kind entschieden hat, als die suboptimale Wahlalternative erwiesen und tritt hinter der Realisierung des Kinderwunsches zurück. Damit mündet die Optimierung der "Marktlage" des Familienhaushaltes in die traditionelle Arbeitsteilung ein. Resultieren aus dieser innerfamiliären Arbeitsteilung, die mit der Eheschließung, insbesondere aber mit der Existenz eines betreuungsbedürftigen Kindes festgeschrieben ist, tatsächlich Spezialisierungsvorteile, ist für Männer eher ein positiver Effekt der Familiengründung auf die weiteren Aufstiegschancen zu erwarten, da bei vollzogener Spezialisierung die Möglichkeit - wenn nicht gar die Notwendigkeit - besteht, sich stärker als zuvor auf ein berufliches Engagement bzw. auf weitere Humankapitalinvestitionen zu konzentrieren.

3.4 Exkurs: Erklären durch "Verstehen" am Beispiel des Investitionsverhaltens

Der Humankapitalansatz erklärt sowohl die Entstehung sozialer Ungleichheit durch den Verweis auf die ungleiche Investition der Individuen in verwertbares Humankapital, bzw. "durch die Inhomogenität des Faktors Arbeit bezüglich seiner Produktivität" (Diekmann 1985: 11), als auch die empirisch immer wieder auftretende Abnahme der Lohnzuwachsrate mit zunehmender Berufserfahrung. Die Humankapitaltheorie betrachtet jedoch nicht die Ursachen der Mobilität, sondern die Status- und Einkommensentwicklung im Karriereverlauf. Berufserfahrung stellt in dieser Perspektive eine Ressource dar, die in den auf Querschnittsdaten basierenden Regressionsmodellen *positiv* mit der Höhe von Status und Einkommen korreliert (Sørensen 1984: 99). Die beobachtbare Lohn- oder Gehaltszuwachskurve steigt zu Beginn der Karriere steil an und flacht mit zunehmender Erwerbsdauer ab (ebd.). In der Humankapitaltheorie wird dieser Zusammenhang, wie wir sahen, dadurch erklärt, daß die Amortisierungsrate der Humankapitalinvestition in Form von höheren Gehältern umso größer ist, je länger die verbleibende Zeitspanne ist, die man noch im Erwerbssystem davon profitieren kann. Aufgrund des von der Humankapitaltheorie postulierten Zusammenhangs zwischen Investition und Gratifikation sinkt der Anreiz zu einer weiteren Investition mit zunehmender Berufserfahrung. Die rationale Kalkulation des Arbeitnehmers ist dabei auf die Bedingung bezogen, daß die Lebens- und Arbeitszeit, in der sich seine Investitionen amortisieren können, begrenzt ist. Darüberhinaus bewirkt die Alterung sowohl der Person als auch der Qualifikation ein Ansteigen der Investitionskosten. Und schließlich steigen die Opportunitätskosten der Weiterqualifikation - das nicht realisierte Einkommen - mit zunehmender Verweildauer im Erwerbssystem an.

Unter diesen Bedingungen ist es rational, die Investitionen auf die Frühphase der Berufskarriere zu konzentrieren, um die Gesamtsumme des in der verbleibenden Beschäftigungsphase erreichten Gratifikationszuwachses zu maximieren. Die Arbeitnehmer investieren solange in ihr Humankapital, bis bei abnehmendem Grenznutzen ein für sie optimales Austauschverhältnis von Leistung und Gratifikation hergestellt ist.

Dadurch, daß die rationale Kalkulation des Individuums unter den angeführten Kontextbedingungen nachvollzogen wird, steht diese Variante der Humankapitaltheorie im Rahmen des Grundmodells des "verstehenden Erklärens" im Sinne Max Webers (Esser 1993: 98). "Verstehendes Erklären" bedeutet, daß ein Phänomen der Makroebene erklärt wird durch einen nicht zwangsläufig intendierten Effekt der Kombination individueller Handlungen, die unter bestimmten situativen Bedingungen vollzogen wurden. Der Zusammenhang zwischen zwei makrosozialen Phänomenen (soziale Situation und kollektives Explanandum) wird auf diese Weise "tiefenerklärt" (Esser 1993: 100) durch

"die Wahrnehmung und Interpretation der besonderen Umstände der Situation durch die Akteure, das daran anschließende und einer allgemeinen Gesetzmäßigkeit der Selektion folgende Handeln der Akteure und die daran wieder anschließende Aggregation der Wirkungen dieses Handelns zu dem kollektiven Effekt" (ebd.).

Schaubild 3.1 verdeutlicht den Zusammenhang:

Schaubild 3.1: Das Grundmodell der soziologischen Erklärung in der Humankapitaltheorie am Beispiel des Einflusses der Berufserfahrung auf die Lohnzuwachsrate

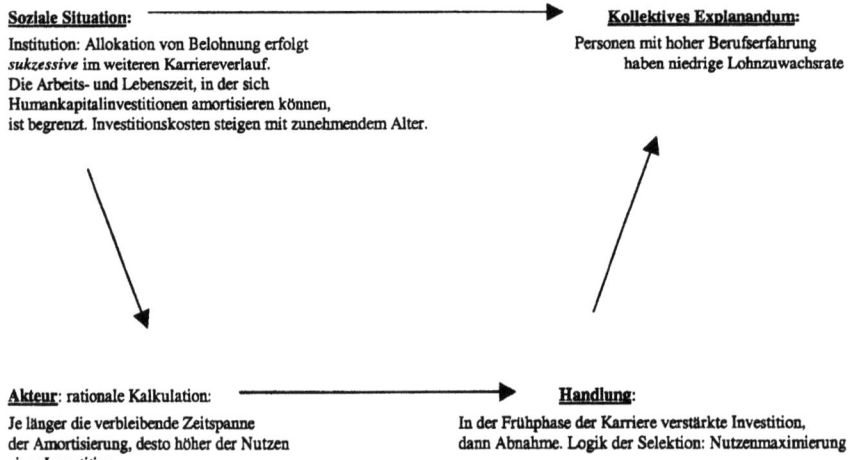

Webers Auffassung vom soziologischen "Erklären" setzt daher, wie insbesondere auch Blossfeld und Müller (1996: 397) betonen, ein "Verstehen" der subjektiven Sinnzusammenhänge voraus:

"Sozialstrukturelle Erklärungen müssen (..) immer die Methode des Erklärens mit der des Verstehens kombinieren. Kausales Erklären bedeutet dabei die Feststellung, daß nach einer irgendwie abschätzbaren, im Idealfall zahlenmäßig angebbaren Wahrscheinlichkeitsregel auf einen bestimmten beobachteten Vorgang ein bestimmter anderer Vorgang folgt. (..) Und Verstehen heißt die deutende Erfassung des durchschnittlich gemeinten oder wissenschaftlich konstruierten ('idealtypischen') Sinnzusammenhangs, mit dessen Hilfe der äußere Ablauf und das Motiv der Handelnden als sinnhaft verständlich erkannt gelten kann" (Blossfeld/Müller 1996: 397).

Grundlage für dieses "Erklären" sind daher immer die *typisierten* Beweggründe der Akteure auf der Mikroebene (ebd.: 398), die den Kern der individualistischen Ansätze - somit auch der Rational Choice Theorie und der Humankapitaltheorie - bilden.

Den großen Anklang, den die eigentlich ökonomische Theorietradition G. S. Beckers in der soziologischen Ungleichheitsanalyse gefunden hat, erklärt Coleman (1993: 175) durch das Fehlen eines Ansatzes der Nutzenmaximierung in der soziologischen Statuszuweisungsforschung. Dieser Ansatz, lange Zeit ein wichtiges Paradigma der Ungleichheitsforschung, konzentrierte sich eher auf die intergenerationale Reproduktion von Lebenslagen (Becker, R. 1993: 73, Teckenberg 1985: 433, Müller 1985: 19) und weniger auf die nutzenmaximierende Kalkulation und die Motive der Akteure. Dagegen werden die Karriereprozesse von der Humankapitaltheorie explizit unter der Prämisse der Nutzenmaximierung analysiert.

Von den strukturzentrierten Ansätzen wird an der neoklassischen Humankapitaltheorie kritisiert, daß eine Erklärung von Mobilitätsprozessen durch die Analyse der Humankapitalinvestitionen, also individueller Kalkulationen und Handlungen, nicht ausreichen kann. Schließlich gilt für die Humankapitaltheorie: "It is an earnings theory and not a status theory" (Sørensen 1984: 101). Ursachen von Mobilität bilden nicht den Erklärungsgegenstand dieses Ansatzes. Vielmehr müssen strukturelle Gelegenheiten, so die Kritiker der Humankapitaltheorie, in Form von attraktiveren *freien Positionen* verfügbar sein, in die zu wechseln potentiell möglich ist, damit sich die Humankapitalinvestitionen überhaupt amortisieren können. Ein freier Markt, in dem alle Arbeitsplätze von allen Arbeitnehmern prinzipiell frei zugänglich sind, in welchem die Verbindung von Person und Job allein über einen Austauschprozeß hergestellt wird und vom Arbeitgeber jederzeit wieder zugunsten kompetenterer Bewerber gelöst werden kann, existiert in der Realität nicht (Kapitel 4). Somit sind es auch nicht ausschließlich Merkmale der Individuen, die für den erreichbaren Status maßgeblich sind (Müller 1984: 19, Teckenberg 1985: 437ff), wie die Humankapitaltheorie behauptet.

3.5 Zusammenfassung und Schlußfolgerung:

Um soziale Phänomene erklären zu können, bedarf es einer Handlungstheorie, die eine Rekonstruktion individueller Sinnzusammenhänge ermöglicht. Die Erwerbs- bzw. Statuskarrieren von Individuen stellen aus Sicht der neoklassischen Humankapitaltheorie Prozesse dar, die sich in einem nahezu vollständig von ökonomischer Rationalität geprägten Rahmen, dem Arbeitsmarkt, abspielen. Darum wird den Individuen ebenfalls eine Orientierung an den Marktmechanismen unterstellt. Unter dieser Voraussetzung erscheinen die ökonomischen Erklärungen individuellen Handelns sehr fruchtbar.

Dennoch ist nur eine bestimmte Variante der Humankapitaltheorie, jene von Nancy Brandon Tuma, in der Lage, Mobilität als Resultat von Marktungleichgewichten zu erklären. Unter Bedingungen eines perfekten Marktgleichgewichts - eine restriktive Annahme der neoklassischen Humankapitaltheorie (Blossfeld 1989: 43) - findet theoretisch keine Mobilität statt, da beide Akteure, Arbeitnehmer und Arbeitgeber, das passende Äquivalent im marktmäßigen Austauschprozeß erhalten haben. Die explizite Betonung von Fehlallokationen aufgrund unvollständiger Information und Suchkosten ist gegenüber der neoklassischen Variante weitaus realistischer und erlaubt die Ableitung spezifischer Hypothesen über das Auftreten sowohl von Auf- als auch von Abstiegen. Allerdings enthält Tumas Ansatz keine erklärenden Hypothesen über den *Wandel der Kontextbedingungen*, mit dem das Auftreten von Marktungleichgewichten systematisch in Verbindung steht. Fehlallokationen treten unter den oben genannten Bedingungen in Tumas Ansatz eher zufällig auf. Blossfelds Versuch, auch das Auftreten von Marktungleichgewichten aufgrund einer sich in gesellschaftshistorischer Zeit wandelnden Arbeitsmarktlage (Blossfeld 1990: 133) in die Theorie miteinzubeziehen, führt zu einer vollständigen *Dynamisierung* von Tumas Variante der Humankapitaltheorie. Überdies sind die von Blossfeld berücksichtigten Kontextbedingungen auf der *makro*sozialen Ebene zu verorten und haben die Gestalt von sozialen Gelegenheitsstrukturen. Seine Erweiterung von Tumas Humankapitalansatz, die Erklärung individuellen Handelns unter Bezug auf die sozialen Kontextbedingungen, die bei ihm wiederum relativ eindeutig empirisch und theoretisch als Arbeitsmarktungleichgewichte und berufsstruktureller Wandel (Kapitel 4) identifiziert werden, befindet sich damit auf der Ebene einer *soziologischen* Theorie.

Dem familienökonomischen Ansatz kommt in diesem Zusammenhang die Funktion zu, die motivationale Grundlage des Prozesses der Familienbildung und dessen Konsequenzen für das Erwerbsverhalten nachzuzeichnen. Gegenstand dieses Ansatzes sind wiederum die individuellen Ressourcen und das Investitionsverhalten von Frauen und Männern unter der Bedingung der Haushalts- und Familienproduktion.

4 Die Positionen in den strukturzentrierten Ansätzen: "vacancy chains" und "vacancy competition"

Eine grundsätzlich andere Perspektive auf den Zusammenhang von individuellen Ressourcen und sozialen Mobilitätsprozessen stellen Ansätze dar, die in der Tradition von Harrisson C. White (1970) insbesondere Aufstiege als strukturell eingebettete und somit hoch interdependente Ereignisse betrachten. Im Mittelpunkt dieser Ansätze stehen - zunächst - weniger die Qualitäten und Ressourcen, die die Individuen "anzubieten" haben, sondern die *positionale Ökonomie der Gesellschaft* und die "Vorstellung von 'Gerüsten' und 'leeren Plätzen', die in Gerüsten fixiert sind" (Wegener 1985: 212, vgl. auch Sengenberger 1987: 52). Voraussetzung eines jeden Positionswechsels ist demnach zunächst die *Gelegenheitsstruktur*, d.h., die Anzahl der Positionen, in die überhaupt gewechselt werden kann. H.C. White ist insofern "strukturalistisch aufgeklärt", als er in den sozialen *Positionen*, wie auch Simmel, eine Existenzform *sui generis* sieht, welche unter Umständen auch ohne die Besetzung durch eine Person eine konkrete empirische Einheit darstellen kann.

4.1 Das Modell der Vakanzketten von Harrison C. White

Die minimale Voraussetzung dafür, daß eine Position zu einer stabilen und unabhängigen Einheit und somit zu einem "fixed job" wird, ist entweder das Vorhandensein eines expliziten Titels oder zumindest eine anerkannte Identität der Position (White 1970: 1). White wendet sich damit gegen eine Definition der Stelle durch ihren Inhaber und geht von der entgegengesetzten Annahme aus, daß die individuelle Identität einer Person in der Regel wiederum Ausdruck der *Position* ist, die sie in der Sozialstruktur relativ zu anderen Positionen einnimmt und zu denen sie in klar vorgeschriebenen Beziehungen steht:

> "A fixed job cannot be defined merely by a title or a set of skills however specific. It must be referred to a set of counterpart jobs with which it has regular, prescribed relations; each of them is defined similarly so that a fixed job is defined relative to a whole structure of cumulated, interlocking relations. (..) The effective definition of men however, rests primarily on locating him by his position in a network of regular, prescribed relations among persons (..)" (White 1970: 4).

Mobilität von Personen in "fixed job"- Systemen setzt zunächst die *Vakanz* von Positionen voraus, in die gewechselt werden kann. In diesem Prozeß finden mindestens zwei Arten von Entscheidungen statt, nämlich zum einen die Entscheidung jener, die die Positionen kontrollieren (in der Regel die Arbeitgeber) und über die Neubesetzung bestimmen und zum anderen die Entscheidung der potentiell Mobilen, ob die freie Position vorteilhafter ist, als die aktuelle (ebd.: 7, 16f). Die Entscheidung, ob die Neubesetzung zustande kommt, liegt dabei letztendlich bei dem auserwählten Kandidaten (ebd.: 17).

In geschlossenen Systemen, beispielsweise in internen Arbeitsmärkten, werden insbesondere Positionen mit hohen Qualifikationsanforderungen durch interne Rekrutierungen neu besetzt[2] (ebd.: 18, Brüderl 1991: 72). In diesen Systemen treten zumeist aufgrund von Pensionierungen vakante Positionen auf, die wegen ihrer baldigen Neubesetzung regelrechte *Vakanzketten* zufolge haben:

> "The chain of movements of men is a series of pulls of a man out of one job into a more attractive one. It is natural to call this pull chain a vacancy chain; the vacancy is moving from the job appearing earliest in the chain to the one appearing last, whereas the dual series of men change jobs in the direction opposite to the flow of cause and effect" (White 1970: 16).

Verdeutlicht wird diese gegenläufige Bewegung von vakanter Position und aufsteigender Person in *Schaubild 4.1*, in dem eine Vakanzkette mit zeitlich etwas verzögerten Neubesetzungen dargestellt ist. Es handelt sich hier, wie White sagt, um ein "tight system", in dem zeitweise ein leichter Überschuß an jobs existiert, da einerseits die Personen ohne, oder nur mit sehr kurzen Phasen der Freisetzung auf eine neue Position übertreten, die Position selbst jedoch einige Zeit vakant bleibt (ebd.: 8)[3]. Geht man davon aus, daß insbesondere Positionen mit höheren, betriebsspezifischen Qualifikationsanforderungen intern neu besetzt werden, erscheint dieses "tight system" in hierarchischen Organisationen eher als Regelfall[4] und der zeitweilige Überschuß an Positionen ist die Folge des natürlichen Ausscheidens durch Verrentung. Eingeleitet wird die Vakanzkette durch die Person C, die das System verläßt ("death of an incumbent"). Die Vakanz, die Freistelle, "wandert" nun die Hierarchie hinunter, indem die Position g durch Person E neu besetzt und deren alte Position d wiederum von Person F eingenommen wird, bis die Vakanz mit einer externen Neubesetzung durch die Person L endet.

---

[2] Unqualifizierte Tätigkeiten sind, so White (1970: 17), weniger eng mit den speziellen Anforderungen bestimmter Organisationen verbunden.

[3] vgl. dazu die an White angelehnte Definition von Roderick J. Harrison (1988: 6): "To be 'fixed' a job must maintain a fixed number of incumbents at all times, and a stable identity independent of particular incumbents. A system is 'tight' when vacancies take appreciable time to fill, but individuals move almost instantaneously between incumbencies".

[4] Bezüglich nationaler Arbeitsmärkte, die in den folgenden Analysen von Bedeutung sein werden, muß die Voraussetzung eingeschränkt werden (Harisson 1988: 8, vgl. unten). White (1970: 246) erkennt selbst, daß auch Positionen ihre "Lebensgeschichte" haben und ebenso wie Personen - insbesondere in größeren Systemen - entstehen und vergehen.

Neben den Vakanzketten beschreibt White (1970: 8) noch eine Reihe von anderen Mobilitätsmustern, von denen insbesondere die in den "matchmaking systems" auftretenden "musical chairs" von Bedeutung sind. Im Gegensatz zu den "tight systems" sind hier die Zeitspannen der Vakanzen von Positionen mit denen der Personen vergleichbar, bzw. die Vakanzen dauern im Durchschnitt keinesfalls länger als die Phasen der Stellenlosigkeit der Personen.

Schaubild 4.1: Vacancy Chain

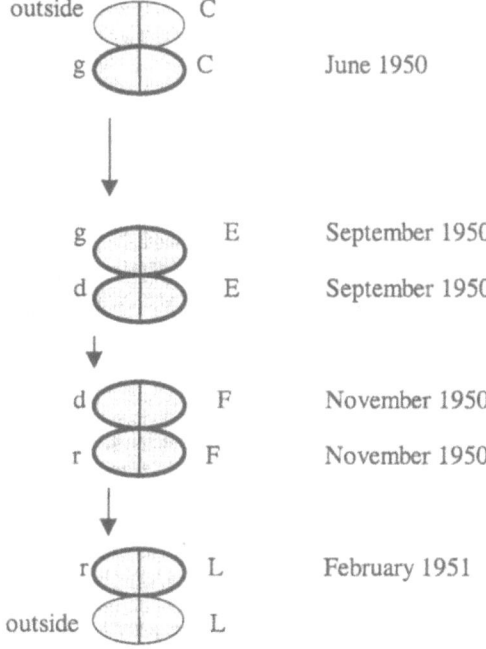

Quelle: White 1970: 15

Der Begriff der "musical chairs" verdeutlicht den Zuweisungsmechanismus:

> "When the music starts everyone gets up and circulates; all 'men' are in limbo and all jobs are vacant. Everyone scrambles when the music stops, no central person directs the flow. Some men are left over, as in the marriage market" (White 1970: 13).

Das Verlassen und die Besetzung der "musical chairs" sind, wiederum im Gegensatz zu den "tight systems", dabei völlig unabhängig voneinander (ebd.: 204), und die Positionenbesetzung ist ein Resultat von bargaining- Prozessen zwischen Arbeitgeber und Arbeitnehmer (ebd.: 14).

Für die Darstellung des strukturzentrierten Ansatzes der Statuszuweisung sind jedoch in erster Linie die "tight systems" von Bedeutung. Somit kann in einem ersten Schritt festgehalten werden, daß bei den positionszentrierten Ansätzen die *strukturellen Gelegenheiten* ("opportunity structures") zunächst die Voraussetzungen für soziale Mobilitätsprozesse liefern und durch das individuelle Handeln allein, durch Erweiterung der persönlichen Ressourcen, Statusverbesserungen nicht herbeigeführt werden können. Vakanzen entstehen, wie bereits angedeutet, durch den *Austritt*, insbesondere durch den natürlichen Prozeß des Ausscheidens aus dem Arbeitsleben von Pensionären.

4.2 Aage B. Sørensens "Vacancy Competition Model"

Aage B. Sørensen (1983) kritisiert mit dem Hinweis auf die Bedeutung der strukturellen Vakanzen die rein marktzentrierten humankapitaltheoretischen Ansätze. Obwohl er die Relevanz der Marktmechanismen für die Statusallokationen nicht völlig verneint, geht er von der Existenz *geschlossener* Positionen aus, für deren Besetzung der Markt nur indirekt von Bedeutung ist. Die Unterscheidung zwischen geschlossenen und offenen Positionen übernimmt er von Max Weber (Sørensen 1983: 204), der in seinen "Soziologischen Grundbegriffen" schreibt:

> "Eine soziale Beziehung (gleichviel ob Vergemeinschaftung oder Vergesellschaftung) soll nach außen "offen" heißen, wenn und insoweit die Teilnahme an dem an ihrem Sinngehalt orientierten gegenseitigen sozialen Handeln, welches sie konstituiert, nach ihren geltenden Ordnungen niemand verwehrt wird, der dazu tatsächlich in der Lage und geneigt ist. Dagegen nach außen "geschlossen" dann, insoweit und in dem Grade, als ihr Sinngehalt oder ihre geltenden Ordnungen die Teilnahme ausschließen oder beschränken oder an Bedingungen knüpfen. (..) Die Marktbeziehung pflegt primär wenigstens oft offen zu sein" (Weber 1972: 23f).

Während die marktregulierten Beziehungen offen sind und auf Austauschbeziehungen basieren, mit der Folge ihrer relativ leichten Aufkündbarkeit (Sørensen 1983: 207), werden geschlossene Positionen in Zeiten knapper Erwerbschancen dazu genutzt, so Weber (1972: 25), die Zugänge zu bestimmten Arbeitsplätzen auf den Mitgliederkreis entsprechender "Zünfte" zu monopolisieren. Somit gilt:

> "Offene Arbeits- und Beschäftigungsverhältnisse sind demnach solche, deren Eingehen und Beendigung in erster Linie über den Marktmechanismus erfolgt, geschlossene solche, bei denen der Marktmechanismus durch spezifische institutionelle Regelungsmechanismen ganz oder teilweise außer Kraft gesetzt wird" (Müller 1985: 24f).

In dieser Weise sind im modernen Erwerbsleben, wenn es um die Besetzung vakant gewordener Stellen geht, die Inhaber von Positionen in geschlossenen Systemen relativ abgeschirmt gegen die Konkurrenz von außen (Sørensen/Tuma 1981: 70). Wie es im modernen Erwerbsleben zur Entstehung dieser geschlossenen Positionen kommt, erklärt Sørensen durch die tätigkeitsspezifischen Qualifikationsmerkmale vieler Positionen, die erst im Verlauf der Ausübung dieser Tätigkeit, durch "on-the-job-training", erfüllt werden. Da die Kompetenzanforderungen dieser Positionen ebenso uneindeutig, wie die tätigkeitsspezifische Kompetenz der Anwärter sind, existiert keine ausreichende Informationsgrundlage für den marktmäßigen Aushandlungsprozeß zwischen Arbeitnehmer und Arbeitgeber. Beiden Akteuren fehlt sowohl das Wissen über den Wert ihrer Ressource als auch über den Wert des Äquivalents ihrer Tauschpartner. Aufgrund der Unsicherheit, mit der individuelle Arbeitsverträge behaftet sind, bilden sich *überindividuelle*, kollektive Beschäftigungsverhältnisse heraus, in denen die Löhne und Gehälter nicht den Individuen, sondern den *Positionen* zugeordnet sind (Sørensen 1983: 211, Sørensen/Tuma 1981: 72, Blossfeld 1990: 123, Sengenberger 1987: 74).

Um im Rahmen dieses positionenzentrierten Entlohnungssystems die Motivation der Postionsinhaber sicherzustellen, deren Verträge aufgrund von Verrechtlichungen nicht ohne weiteres aufkündbar sind, wird eine Anreizstruktur in Form von Beförderungssystemen geschaffen (Sørensen 1983: 211), indem jenen Beschäftigten, deren Produktivität den Erwartungen des Arbeitgebers entspricht, ein Zuwachs an materiellen (Geld) und immateriellen (Prestige) Gratifikationen in Aussicht gestellt wird. Externe Rekrutierungen in höhere Positionen sind damit nur begrenzt möglich, da sie dieser Anreizstruktur zuwiderlaufen (Sengenberger 1987: 158).

Schließlich ermöglicht der interne Arbeitsmarkt dem Arbeitgeber eine rationale Form der Informationsgewinnung über den Arbeitnehmer (Sørensen 1983: 209), insbesondere über dessen Fähigkeiten, Qualifizierungsgrenzen und wichtige persönlichen Eigenschaften, wie z.B. Anpassungsbereitschaft und soziale Kompetenzen (Sengenberger 1987: 157). Mit dem Zuwachs der Gratifikationen steigen ebenso die Qualifikationsanforderungen. Beide Seiten investieren in ein "on-the-job-training", wodurch die Arbeitgeber an einer langen Beibehaltung des Angestellten interessiert sind, um die Amortisierung ihrer Ausbildungsinvestitionen sicherzustellen (Sørensen 1983: 212).

Voraussetzung für das Zustandekommen von Mobilitätsprozessen in geschlossenen Systemen ist bei Sørensen wie auch bei Harisson C. White, dessen Prinzip der "vacancy chains" er übernimmt (ebd.: 205, Sørensen/Blossfeld 1989: 88), zunächst die strukturelle Möglichkeit einer Statusverbesserung durch das *Vorhandensein vakanter Positionen*:

"in closed position systems new allocations can only take place when positions become vacant so that the timing of allocation is governed by the timing of the occurrence of vacancies. In contrast, incumbents of positions in open positions systems can be replaced at any moment in time and the occurrence of vacancies is irrelevant for the timing of new allocations" (Sørensen 1983: 206).

Ist eine vakante Position neu zu besetzen, wird der Nachfolger von der Betriebsleitung aus einem relativ engen Kreis von Kandidaten ausgewählt. Der Prozeß, in dem die Verknüpfungen von Personen und Positionen hergestellt werden, ist somit ein Prozeß von Autoritätsentscheidungen bzw. "Weihungen" und weniger, wie bei den offenen Systemen, ein auf Marktmechanismen basierender Aushandlungsprozeß.

Sørensen (1983: 210) verweist in diesem Zusammenhang auf Simmel, der in den Priesterweihungen der katholischen Kirche die ultimative Form des Primats der Position gegenüber der Person erkannt hat, da die Qualifikation des Bewerbers für eine Position diesem erst *infolge der Weihung* zugeschrieben wird. "'Whoever God gives an office, he also gives the mind necessary for it'" - nur, daß in den internen Arbeitsmärkten der notwendige Verstand durch das "on-the-job-training" geschaffen wird (Sørensen 1983: 210).

Die für die Neubesetzung einer Position in Frage kommenden Kandidaten bilden bereits *vor* dem Vakantwerden einer Position eine *Warteschlange*, die intern hierarchisch in Form einer Rangreihe organisiert wird. Diejenige Person, welche die erste Position in dieser Rangreihe innehat, erhält den vakanten Job (ebd.: 209).

Im Gegensatz zur Humankapitaltheorie betont die vacancy competition theory, die Josef Brüderl (1992: 4) als bahnbrechende "sociological answer to the widely celebrated economic human capital model" bezeichnet, die grundsätzliche Unabhängigkeit des Auftretens von Mobilitätsprozessen von den Qualifikationsanstrengungen der Kandidaten. Allein die besondere Kompetenz, das Engagement oder die Weiterqualifikation einer Person führt nicht zu Aufstiegen, wenn strukturell keine Aufstiegsmöglichkeiten vorhanden sind.

> "One may work hard for a promotion and not get it, because there are no promotions to be gotten. One may also work not so hard and still get a promotion because one was at the right place at the right time" (Sørensen 1983: 208f).

Der Statuszuweisungsprozeß in geschlossenen Systemen von institutionell fixierten Dauerverbindungen von Position und Person stellt folglich eine *Konkurrenz um vakante Positionen* dar (vacancy competition).

Sørensens Kritik an Whites Vakanzkettenmodell besteht darin, daß White sich auf das strukturelle Auftreten von Vakanzen und die sich daraus ergebenden Mobilitätsprozesse beschränkt, jedoch nicht erklärt, inwieweit individuelle Merkmale mit Selektionen durch die Arbeitgeber hinsichtlich der Besetzung dieser Vakanzen einhergehen (Sørensen 1977: 967, 1984: 95). Für Sørensen behalten die individuellen Ressourcen dagegen eine wichtige Funktion. Sie bestimmen die Plazierung einer Person innerhalb der Warteschlange. Aufgrund der bei den Kandidaten vorherrschenden Bestrebung, ihre Kompetenz und Eignung für eine Position zu dramatisieren, und der Tatsache, daß die Besetzungen in geschlossenen und verrechtlichten Systemen im Gegensatz zu den offenen Marktbeziehungen nicht jederzeit wieder gelöst werden können, ist die Betriebsleitung gezwungen, sich eng an "objektiven" Merkmalen der Kandidaten zu orientieren. Hierzu zählen "educational credentials, and visible attributes, such as race, and sex" (Sørensen 1983: 210). Im Gegensatz zur Humankapitaltheorie ist aber nicht die absolute Höhe der Bildung von Bedeutung, sondern die individuellen Ressourcen einer Person werden relativ zu den Ressourcen der Konkurrenten angesehen (Sørensen/Tuma 1981: 74).

Während Abstiege von dieser Theorie nicht erklärt und vernachlässigt werden (Sørensen 1983: 214, 1984: 92, Blossfeld 1990: 131), resultieren Aufstiege aus dem strukturell bedingten Auftreten von Vakanzen und der Fähigkeit des Arbeitnehmers, im Rahmen der für geschlossene Systeme typischen Entscheidungsprozesse, diese auch zu nutzen. Die Beschäftigten werden, wenn sie die Möglichkeit haben, über ihre innerbetriebliche Karriere mitzuentscheiden, nur dann mobil, wenn sie die vakante Position als vorteilhaft einschätzen (Blossfeld 1990: 131). Bleibt das Niveau der individuellen Ressourcen im Karriereverlauf konstant, wie es als Annahme in der Theorie enthalten ist, sinkt zum einen mit der Höhe des bereits erreichten Statusniveaus die Wahrscheinlichkeit, eine noch bessere Position zu finden (Blossfeld 1989: 46, vgl. Abschnitt 4.4.1). Zum anderen sind Person (Qualifikationsniveau) und Position (Gratifikationsniveau) mit zunehmender Karriereerfahrung immer besser aufeinander abgestimmt, weshalb Aufstiegsprozesse mit zunehmender Karriere- und Berufserfahrung abnehmen, bzw. die Diskrepanz zwischen dem tatsächlichen und dem aufgrund der (zeitkonstant betrachteten) Qualifikation maximal erwartbaren Statusniveau in der Frühphase der Karriere am größten ist (Sørensen 1983: 214; Hachen 1988: 101). Hinter diesem Adaptationsvorgang steht die Überlegung, daß für jede Person ein maximales Statusniveau existiert, dem sie sich im Verlauf der Karriere annähert (Sørensen 1984: 97). Daher sind es insbesondere die Berufseinsteiger, die relativ zu ihrer Qualifikation das niedrigste Statusniveau innehaben (Sørensen 1977: 972) und deren "Mobilitätsdruck" infolgedessen am stärksten ist.

4.3 Das Opportunitätenproblem aus innerbetrieblicher und gesamtgesellschaftlicher Perspektive

4.3.1 Die Opportunitätenstruktur innerhalb eines Betriebes und die Präzision der innerbetrieblichen Perspektive

Insbesondere Mobilitätsstudien, die auf Daten repräsentativer Surveys basieren, unterliegen, so Josef Brüderl (1991: 92f), der Gefahr eines *"opportunity bias"*. Bei dieser Art von statistischen Verzerrungen entstehen signifikante Einflüsse als Artefakte aufgrund von Konfundierungen individueller Merkmale mit der Opportunitätenstruktur. Würde beispielsweise der *Statusscore der Ausgangsposition* als Indikator der Verortung einer Person innerhalb der pyramidalen Ungleichheitsstruktur nicht kontrolliert, könnte der Befund scheinbar *positiver* Aufstiegsraten von Frauen oder Ausländern die Hypothese der statistischen Diskriminierung widerlegen. Solch ein Modell wäre Brüderl zufolge aufgrund eines opportunity bias fehlspezifiziert, wenn in einer Ungleichheitsstruktur in der Regel Frauen oder Ausländer die *unteren* Positionen besetzen, wodurch deren höhere Aufstiegsraten aus der damit günstigeren Opportunitätenstruktur 'nach oben' resultierten (Brüderl 1991: 100, Brüderl/Preisendörfer/Ziegler 1993: 176).

Empirisch äußert sich dieser Sachverhalt in der Analyse von Brüderl, Preisendörfer und Ziegler (ebd.: 181f) darin, daß die positiven Effekte auf die Aufstiegsrate der Dummyvariable Variablen "Mann" und "Deutsche Nationalität" sich wesentlich verstärkten, nachdem die Opportunitätsstruktur kontrolliert wurde.

Rolf Becker beispielsweise (1993: 180) führt in diesem Zusammenhang den empirisch ermittelten Koeffizienten des Statusscores der Ausgangsposition als Indikator für die "Form" der Ungleichheitsstruktur an:

"Je größer der absolute Wert des Koeffizienten für den beruflichen Status ist, desto geringer sind Aufstiegschancen und desto geschlossener sind Gelegenheitsstrukturen" (ebd.).

In gleicher Weise argumentiert auch Blossfeld (1989: 142). Allerdings wird die Opportunitätenstruktur, also die strukturell vorhandene Möglichkeit aufzusteigen, durch den Statusscore nicht in allen ihren Dimensionen erschöpfend abgebildet. Neben konjunkturbedingten Kontraktionen und Expansionen der Positionsstrukturen sind es wiederum - aus der Perspektive der "Neuen Strukturalisten" nur allzu verständlich - in erster Linie demographische Faktoren, die auf die Opportunitätenstruktur einwirken. Bereits Harisson C. White (1970: 161ff) führt das Ausmaß der Vakanzenentstehung durch Berentungen auf die Größe der Einsteigerkohorten in einem Betrieb zurück, die nach einem time-lag von etwa vierzig Jahren im Zuge des Austritts aus dem System die Opportunitätsstruktur für die Nachfolger prägen.

Whites Theorie über die Vakanzketten innerhalb der Organisationen ist aber, das muß betont werden, organisationssoziologischer Herkunft. Derartige Theorien lassen sich nicht ohne weiteres auf nationale Beschäftigungssysteme übertragen. Wie wir gesehen haben, ist gleichermaßen Sørensens Vacancy Competition Ansatz, der die eigenständige Existenz der geschlossenen Positionen zum Gegenstand seiner Betrachtungen macht, explizit für die geschlossenen Positionen *interner* Arbeitsmärkte formuliert worden. Für Brüderl (1991: 17) sind geschlossene Positionen ein Synonym für die innerbetrieblichen Hierarchien, die den strukturellen Rahmen für Mobilitätsprozesse liefern.

Als Proxyvariable dieser Kontexte diente in einigen Studien (Carroll/Mayer 1986, Mayer/Carroll 1987, Becker R. 1993: 175), die allerdings auf Survey-Daten der Lebensverlaufsstudie des Max-Planck-Instituts für Bildungsforschung Berlin (MPIBB) basierten, insbesondere die Betriebsgröße. Brüderl (1991: 104) dagegen betont, daß die (Aufstiegs-) Opportunitätenstruktur nur anhand von *innerbetrieblichen* Daten vollständig abgebildet werden kann, indem man sie, zeitveränderlich, aus den in jeder Periode von jeder Hierarchiestufe real erfolgten Anzahl der Aufstiege herleitet. Man erhält somit als zeitveränderliche Maßzahl OPP in der Periode s den Anteil der Aufwärtsmobilen nach j von jeder Stufe i (Brüderl/Preisendörfer/Ziegler 1993: 175):

$$OPP_i^s = \frac{\sum_{j=i+1}^{k} n_{ij}^s}{n_i^s}$$

Eine derartige Maßzahl kann genau genommen nicht für Daten repräsentativer Surveys verwendet werden, da auf der Makroebene, auf einem nationalen Arbeitsmarkt, eine derartig starre und eindeutige Positionsstruktur, wie für die internen Arbeitsmärkte postuliert wird, nicht existiert. Wenn darüberhinaus überhaupt Informationen darüber vorliegen, ob der Positionswechsel innerhalb des Betriebes stattfand, bleiben die jeweiligen Eigenarten der innerbetrieblichen Hierarchien unbeobachtet.

In nationalen Arbeitsmärkten kann darum weder von "fixed jobs" mit stabilen Identitäten der Positionen noch zwingend von Whites "tight systems" ausgegangen werden (Harisson 1988: 9), obwohl White selbst (1970: 245) eine Anwendung der Vakanzkettenmodelle auf der gesamtgesellschaftlichen Ebene in Erwägung zieht (vgl. auch Müller 1984: 33).

Der Vorteil der innerbetrieblichen Perspektive ist, daß die Maßzahl OPP exakt den Anteil der erfolgten Abwanderungen auf die höhere Stufe j und damit die überhaupt vorhandenen Vakanzen unabhängig von den Merkmalen der Individuen abbildet. Dadurch wird sie den Akzentsetzungen der strukturzentrierten Theorien gerecht und vermeidet einen opportunity bias. Es drängt sich bei dieser Maßzahl zwar zunächst der Verdacht einer Tautologie auf, da Brüderl das Ereignis eines Aufstieges unter anderem mit der Quote der real erfolgten Aufstiege erklären will. Da er jedoch die *aggregierte* Quote der erfolgten Aufstiege von jeder Stufe j als unabhängige Variable modelliert und innerhalb dieses strukturellen Rahmens die *Heterogenität* der Stichprobe bezüglich der Aufstiegsrate abbilden möchte, ist sein Vorgehen legitim. Interessanterweise kommt Brüderl (1991: 95), der den auf Surveydaten basierenden Analysen vorwirft, sie würden trotz einiger Kontextvariablen den opportunity bias nicht kontrollieren können, zu dem Schluß, daß diese Maßzahl keineswegs zu einem wesentlich besseren Modelfit führt, als die zuvor von ihm verwendeten Dummyvariablen, mit denen die Hierarchiestufe zu Beginn einer Episode angezeigt wurde (vgl. auch: Brüderl/Preisendörfer/Ziegler 1993: 182).

"Das heißt, daß in einem Modell mit Stufen-Dummies der Opportunitätsbias bereits zum größten Teil beseitigt ist. Studien, die kein solch differenziertes Opportunitätsmaß wie wir zur Verfügung haben, können sich folglich mit Stufen-Dummies behelfen" (Brüderl 1991: 106).

Allerdings handelt es sich bei den Stufen-Dummies in internen Arbeitsmärkten um eine Information von grundsätzlich anderer Art als der Ausgangsstatus in repräsentativen Surveys, weil in letzteren die nach oben weiter laufende Struktur nicht für alle Personen, die sich auf einer Hierarchiestufe befinden, die gleichen (betriebsinternen) Chancen bietet. Die Anzahl und Besetzungsstärke der innerbetrieblichen Hierarchieebenen können zwischen den Betrieben stark variieren. Außerdem kann nicht davon ausgegangen werden, daß sich die Opportunitäten zwangsläufig *linear* mit steigendem Hierarchieniveau ändern (Stewman/Konda 1983: 650), was für Brüderl, Preisendörfer und Ziegler (1993: 182) ein Grund war, in ihren Modellen die hierarchische Ebene nur auf Nominalskalenniveau (Dummyvariable Variablen) zu messen. In der Regel werden zu diesem Zweck jedoch metrische Status- oder Prestigeskalen herangezogen. Im Resultat waren die größten Opportunitäten auf der zweituntersten von insgesamt sechs Ebenen zu finden, von wo aus sie dann kontinuierlich mit steigender Hierarchieebene abnahmen (ebd.).

Überdies steht und fällt mit dem Konzept der geschlossenen Systeme die Begründung für die sich notwendigerweise innerbetrieblich abspielenden Wettbewerbe um vakante Positionen, da offene Systeme gekennzeichnet sind durch eine im Gegensatz zu den relativ abgeschotteten innerbetrieblichen Rekrutierungen wesentlich größere Anzahl von Bewerbern und damit durch einen grundsätzlich anderen Selektionsprozeß (Chase/DeWitt 1988: 93).

Die Frage, die sich für die folgenden Analysen stellt, ist nun, inwieweit theoretische Ansätze, die für innerbetriebliche Mobilitätsprozesse formuliert wurden und den durch das innerbetriebliche Positionengefüge gesetzten Rahmen betonen, überhaupt auf die gesamtgesellschaftliche Ebene übertragbar sind. Um aus dem Vacancy Competition- Ansatz auch für die Ebene der Gesamtgesellschaft Hypothesen formulieren zu können, muß man zunächst voraussetzen können, daß auch auf der Makro-Ebene eine - wenn auch wesentlich "weichere" - Struktur von in "Gerüsten" (Wegener 1985: 212) fixierten Positionen existiert.

Der Vorteil der innerbetrieblichen Perspektive besteht, das sollte anhand der Maßzahl OPP deutlich geworden sein, in der direkteren und präziseren Meßbarkeit der Gelegenheitsstrukturen und der Vermeidung eines opportunity bias.

4.3.2 Die Opportunitätenstruktur auf der gesamtgesellschaftlichen Ebene und das Defizit der innerbetrieblichen Perspektive

Hans-Peter Blossfeld (1986: 221f, 1989: 141f) testet seine u.a. aus der Vacancy Competition Theorie und der modifizierten Humankapitaltheorie abgeleiteten Hypothesen anhand von repräsentativen Survey-Daten der Bundesrepublik Deutschland. Er kann aber anhand der Einflüsse seiner Prädiktoren nicht eindeutig zwischen der Gültigkeit der einen oder anderen Theorie unterscheiden, weil die aus diesen Theorien abgeleiteten Hypothesen über die Einflüsse von Bildung (positiv auf die Aufstiegsrate), Prestigehöhe des Ausgangsjobs (negativ) und Berufserfahrung (negativ) identisch sind. Im Kern besteht das Problem darin, daß Blossfeld in seinen Analysen empirisch nicht zwischen offenen und geschlossenen Systemen trennt, obwohl die wichtigsten theoretischen Modelle sich tendenziell auf jeweils spezifische Beschäftigungsformen beziehen: die strukturzentrierte Vacancy Competition Theorie auf geschlossene und die ökonomischen Ansätze auf offene Beziehungen (Sørensen/Tuma 1981: 90). Brüderl (1991: 95) wirft ihm daher vor, in seinen auf Survey-Daten basierenden Analysen den Opportunitäts-Bias nicht beseitigt zu haben. Dieser Vorwurf ist insofern nicht ganz angemessen, als das Blossfeld sich zwar von der innerbetrieblichen Perspektive löst und die Karrieren von Individuen der gesamten (männlichen) Gesellschaft als Aussagegesamtheit betrachtet, diese Karrieren jedoch auch bei ihm wieder strukturell eingebettet sind - jedoch nicht in die innerbetrieblichen Kontexte, sondern in die *Opportunitätenstruktur der gesamten (männlichen) Gesellschaft*. Diese Struktur operationalisiert er anhand des Wegener-Prestigescores des Ausgangsjobs und über Zeitreihen der sozialen und ökonomischen Entwicklung, die den Wandel der Positionenstruktur auf der Makroebene anzeigen sollen (Blossfeld 1986: 215, vgl. Brüderl 1991: 111). Bei letzteren handelt es sich konkret um Indikatoren der Arbeitsmarktsituation und des Modernisierungsniveaus.

Die reine Logik des Wettbewerbs um vakante Positionen, hier ist Brüderl zuzustimmen, entgeht den Indikatoren Blossfelds, denn der Prestigescore des Ausgangsjobs liefert zwar eine Information über die Position in der makrosozialen Ungleichheitsstruktur, nicht aber über die per Definition innerbetrieblichen Konkurrenzbedingungen, Opportunitäten und attraktiveren Positionen, welche in den *geschlossenen* Systemen "über" der aktuellen Position potentiell frei werden. Blossfelds Variablen operationalisieren die strukturelle Komponente im Gegensatz zur Maßzahl der Opportunitäten OPP wesentlich indirekter.

Gehen wir aber davon aus, daß zum einen mit den von Blossfeld verwendeten Wegener-Prestigescores eine über die Gesamtgesellschaft verallgemeinerbare Prestigekategorisierung vorliegt und in der Stichprobe ebenfalls die (unbeobachteten) Merkmale der Betriebe normalverteilt sind, dürfte die Opportunitätenstruktur nach Berücksichtigung der Statusscores des Ausgangsjobs und der nationalen

Beschäftigungsstruktur zumindest in ähnlicher Weise kontrolliert sein, wie Brüderl es für seine "Stufen-Dummies" behauptet.

Schließlich besteht der wesentliche Vorteil von gesamtgesellschaftlichen Survey-Daten darin, daß beispielsweise ungenügende Opportunitäten innerhalb eines kleinen Betriebes direkter Auslöser für *zwischenbetriebliche* Wechsel sein können. Derartige Bewegungen werden jedoch aus der innerbetrieblichen Perspektive nicht als Aufstieg, sondern als „exit" wahrgenommen, obwohl sie in der Realität – unter Umständen gerade aufgrund *mangelnder* Opportunitäten innerhalb des Betriebes - in einem zwischenbetrieblichen Aufstieg bestehen können. Da derartige Aufstiegsereignisse aus der innerbetrieblichen Perspektive als konkurrierendes Risiko rechtszensiert sind (vgl. Kapitel 8.6), wäre für Betriebe mit eher mäßigen Opportunitäten wiederum ein opportunity bias zu erwarten. Insbesondere hochqualifizierte Betriebsaussteiger sind demzufolge in ihren Aufstiegsraten unterschätzt.

Die intragenerationale Dynamik sozialer Ungleichheit einer Gesellschaft hat ihren Ursprung somit auch in den *offenen Marktbeziehungen*, da Auf- und Abstiege nicht zwangsläufig nur in den internen Arbeitsmärkten stattfinden. Im Rahmen von Whites "matchmaking systems", die einen nicht unerheblichen Teil der nationalen Arbeitsmärkte ausmachen (Harrison 1988: 8), vollzieht sich die Statuszuweisung unter dem Einfluß der alten bekannten Kriterien des Humankapitals (vgl. White 1970: 14). Blossfeld und Mayer (1988: 280) betonen hinsichtlich aller Arbeitsplatzwechsel explizit,

> "daß den internen Arbeitsmärkten in der theoretischen Arbeitsmarktdiskussion eine quantitative Bedeutung zugeschrieben wird, die ihnen in der Realität nicht zukommt. So finden, ausgehend vom betriebsspezifischen Arbeitsmarkt, nur etwa 14,7 Prozent der Übergänge innerbetrieblich statt, und von allen Übergängen auf dem Arbeitsmarkt sind nur knappe 15,8 Prozent durch die institutionelle Struktur eines internen Arbeitsmarktes vermittelt".

Rolf Becker (1993: 178, Anm. 68) stellt darüberhinaus ebenfalls anhand von Surveydaten der Lebensverlaufsstudie des MPIBB fest, daß in der Privatwirtschaft der Anteil *inner*betrieblicher Aufstiege an allen Mobilitätsprozessen nur 3,7% beträgt, der Anteil *über*betrieblicher Aufstiege dagegen 20,1%. Sogar im öffentlichen Dienst, wo die Karrieremöglichkeiten dienstrechtlich fixiert und "innerbetriebliche"[5] Aufstiege von größerer Bedeutung sind als in der Privatwirtschaft, beträgt ihr Anteil an der Gesamtmobilität nur 11,3%, wohingegen 12,1% der Übergänge zwischenbetriebliche Aufstiege waren (ebd.: 184, Anm. 71). Im folgenden wird darum die Perspektive auf *makrosoziale* Strukturbedingungen gerichtet und der Versuch unternommen, die Prinzipien von Vakanzbildungen, wie sie von White,

---

[5] "innerbetrieblich" bedeutet bei demselben Dienstherrn, "überbetrieblich" bei dessen Wechsel (Becker, R. 1993: 156).

Sørensen und Brüderl für die innerbetriebliche Mobilität formuliert wurden, näherungsweise für die gesamtgesellschaftliche Ebene zu bestimmen. Blossfelds Indikatoren der gesamtgesellschaftlichen Opportunitätenstruktur können aber um eine wesentliche Dimension ergänzt werden: um den Anteil der potentiellen Pensionäre, der 60-65 Jährigen an der Gesamtbevölkerung.

4.4 Die Opportunitätenstruktur als Tertiarisierung und Makrodemographie: Ist das Sørensen-Modell auf die gesamtgesellschaftliche Ebene anwendbar?

4.4.1 *Die pyramidale Form der Ungleichheitsstruktur*

Bei aller Elaboriertheit ist an Blossfelds Analysen (1986,1987,1989) zu kritisieren, daß er die dem Wesen nach *demographische* Logik der Entstehung von Vakanzen durch Austritte aus dem Beschäftigungssystem auch im Rahmen einer makrosoziologischen Analyse hätte approximativ operationalisieren können. Schließlich folgt er in einer gemeinsamen Publikation mit Sørensen dessen Definition der Opportunitäten, für welche der Austritt von Beschäftigten aus dem Betrieb oder dem Erwerbssystem durch Berentung konstitutiv ist (Sørensen 1977: 969), das heißt, "that a proportion of jobs will be vacated due to retirements" (Sørensen 1977: 970):

"Vacancies are created in this system at the rate h of people leaving the system or new positions being added to the system. They set in motion vacancy chains that produce growth in socioeconomic attainment" (Sørensen/Blossfeld 1989: 89).

Sørensen geht von einer Ungleichheitsstruktur aus, die durch eine spezifische Verteilung von Jobs bzw. Positionen gemäß ihres Gratifikationsniveaus bestimmt ist. Eine erste - restriktive - Annahme des Sørensen-Modells besteht darin, diese Verteilungsstruktur als zeitkonstant vorauszusetzen (Sørensen 1977: 968). Einer pyramidalen Form entsprechend sind die Positionen exponentialverteilt, wodurch die Wahrscheinlichkeit, auf eine Position zu treffen, die höher ist als die bereits erreichte, umso geringer wird, je höher die bereits erreichte Position ist (vgl. Schaubild 4.2). Somit lautet die Verteilungsfunktion[6] der Positionen y (ebd.):

$$F(y) = Pr(y \leq y') = 1 - e^{\beta y'} \qquad \beta < 0 , \qquad (4.1)$$

mit der Wahrscheinlichkeitsdichtefunktion

---

[6] Der Term $e^{\beta y'}$ konvergiert mit steigendem y' gegen Null, wenn β<0 ist.

$$f(y) = -\beta e^{\beta y} \qquad \beta < 0 , \qquad (4.2)$$

Schaubild 4.2: Häufigkeitsverteilung der Positionen in einer pyramidalen Ungleichheitsstruktur

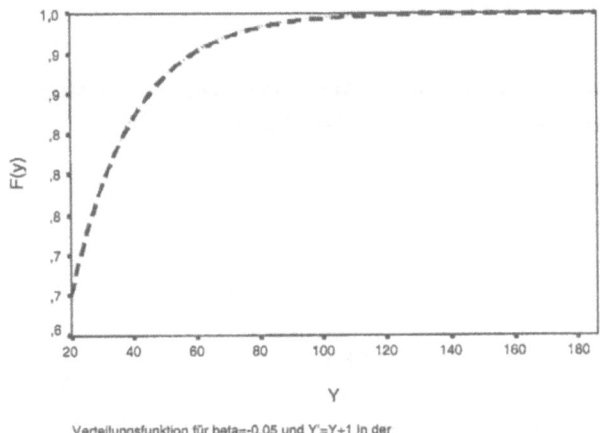

Verteilungsfunktion für beta=-0.05 und Y'=Y+1 in der Prestigehierachie nach Wegener (MPS von 20 bis 186)

Die mit der erreichten Statushöhe exponential verteilte Häufigkeit der Positionen in Abhängigkeit von ihrer Höhe läßt sich nach Formel (4.1) graphisch darstellen (Schaubild 4.2).

In dem Mobilitätsmodell von Blossfeld und Sørensen (1989) werden die Opportunitäten in einer Ungleichheitsstruktur mit derartig exponentialverteilten Positionen durch die Maßzahl 'b' operationalisiert. Ein Statusgewinn zu einem Zeitpunkt ist eine Funktion der Fähigkeit (z_i) einer Person, aufgrund individueller Ressourcen die Opportunitäten (b) in einem System zu nutzen. Die Opportunitäten (b) bestehen aus zwei Komponenten. Zum einen aus der Verteilungs*form* der Positionen in der Ungleichheitsstruktur β, der wegen β<0 in (4.1) unterstellt wird, daß sie "pyramidal" zuläuft und darum mit steigendem Statusniveau (y_i) die Wahrscheinlichkeit, eine noch bessere Position zu finden, sinkt (Schaubild 4.2). Je größer β im Betrag, desto weniger Positionen existieren auf der nächst höheren Ebene relativ zu den Aufstiegskandidaten (Sørensen 1984: 96), da |β| die relative Höhe bzw. Breite der Pyramide abbildet (Sørensen 1983: 213; 1979: 366).

Als zweite Komponente des Opportunitätsmaßes indiziert 'h' die durch den Ausstieg aus dem System oder durch Hinzufügung neuer Positionen entstehenden Vakanzen (Sørensen/Blossfeld 1989: 89, Sørensen 1979: 377). Setzen wir somit die Opportunitäten

$$b = \frac{-\beta}{h}, \qquad (4.3)$$

dann resultiert der Statuswechsel zu einem Zeitpunkt nach dem vacancy competition Modell aus

$$\frac{dy_i(t)}{dt} = z_i + by_i(t) \qquad b<0 \text{ (Sørensen/Blossfeld 1989: 88).} \quad (4.4)$$

Sørensen ist durch die Berücksichtigung dieser Strukturen in der Lage, auch die Unterschiede in den Positionen zwischen Personen zu erklären, die zwar über ein vergleichbares Humankapitalniveau verfügen, doch aufgrund zeitlicher Abstände ihrer Karrieren unterschiedlichen Gelegenheitsstrukturen gegenüber standen (Diekmann 1985: 26). Das Niveau der individuellen Ressourcen bleibt jedoch von entscheidender Bedeutung, wodurch Sørensen den radikalen Strukturzentrismus Whites um die zentrale Variable der humankapitaltheoretischen Ansätze, die individuellen Ressourcen, ergänzt:

> "People have certain characteristics, or ressources, that determine their ability to obtain access to a better position when it is vacant. Given the opportunity structure, there will be a level of attainment that will be best a person can hope to achieve, denoted y(m). Further assume that a level of ressources, denoted z, does not change over a person's carrier. With this conception it follows that people whose current level of attainment, y(t), is below y(m) may be in a position to take advantage of opportunities. The greater the discrepancy between y(m) and y(t), the more likely it will be that they move up" (Sørensen 1984: 97).

Im Zuge der Karriere wird bei Sørensen eine Person sukzessive mit einer Position verbunden, die einem ihren Ressourcen angemessenen Gratifikationsniveau entspricht. Die Diskrepanz zwischen der realen und der erwartbaren Gratifikation ist dabei ein normaler Zustand bei Karrierebeginn.

Die beiden von Blossfeld (1986: 216, 1987: 81) extrahierten Faktoren, mit denen er den Wandel der nationalen Opportunitätsstruktur in gesellschaftshistorischer Zeit operationalisiert und dadurch Sørensens "semi-statischen" Ansatz vollständig dynamisiert (Blossfeld 1986: 210), messen zum einen die Arbeitsmarktlage, zum anderen das "Modernisierungsniveau" der Gesellschaft. Das Modernisierungsniveau führt zu einem Wandel der pyramidalen Ungleichheitsstruktur, da, so sein empirisches Resultat, ein relativer Zuwachs statushöherer Dienstleistungsjobs eine Verbesserung der Opportunitäten bedeutet (ebd.: 212f). Die Arbeitsmarktlage dagegen soll einen Indikator für das Auftreten von Marktungleichgewichten liefern, denn Blossfeld erklärt den Effekt der Arbeitsmarktlage mittels Rückgriff auf die modifizierte Humankapitaltheorie von Nancy Brandon Tuma. Der Versuch, die

Hypothesen der strukturzentrierten Ansätze erschöpfend zu operationalisieren, blieb bei Blossfeld letztendlich aus, da er die Wirksamkeit der Vakanzketten aufgrund der sich in der gesellschaftshistorischen Zeit wandelnden *relativen Größe der Pensionierungsjahrgänge* nicht berücksichtigte. Die Austritte aus dem Erwerbssystem durch Berentung sind jedoch zusammen mit dem Hinzukommen neuer Positionen (zusammen 'h') und der pyramidalen Form der Ungleichheitsstruktur nach der Vacancy Competition Theorie der eigentliche Impuls der Vakanzenentstehung (Sørensen 1983: 208).

In Anlehnung an Sørensen wird in den folgenden beiden Unterabschnitten versucht, makrosoziale Indikatorvariablen für die Gelegenheitsstruktur zu entwickeln. Im folgenden Abschnitt wird die enge Beziehung zwischen der *Tertiarisierung* und der pyramidalen Form der Ungleichheitsstruktur, wie Sørensen sie beschreibt, herausgearbeitet. Der übernächste Abschnitt zeigt einen Versuch, Vakanzbildungen durch Berentungen auch für die makrosoziale Ebene meßbar zu machen und deren Wirkung als strukturelle Beschränkung oder Begünstigung auf die Erwerbskarrieren von Individuen zu modellieren.

4.4.2 Der Effekt der Tertiarisierung auf die pyramidale Form der Beschäftigungsstruktur bei Daniel Bell und Harry Braverman

Die von einer Gruppe Autoren der strukturalistischen Tradition eingeforderte Integration struktureller Faktoren in die Mobilitätsanalysen (Brüderl 1991: 95, Carroll/Mayer 1986: 324) kann auf verschiedenen Ebenen vollzogen werden. Brüderl, Preisendörfer und Zieglers (1993: 175) zeitabhängiges Opportunitätsmaß OPP ermöglicht, wie wir sahen, auf der Ebene der *Organisation* eine präzise Messung der Gelegenheitsstruktur innerhalb dieser Organisation.

Zu fragen bleibt bei dieser Perspektive jedoch nach einer theoretisch gehaltvollen Begründung eines *Wandels* der innerbetrieblichen Hierarchien. Bei den in "Südwerk" gemessenen Phasen der Expansion oder Kontraktion kann es sich durchaus um betriebsspezifisch begründete Prozesse handeln, die wenig über gesamtgesellschaftliche Entwicklungen aussagen, was ein Einwand gegen Brüderls (1991: 112) Behauptung wäre, daß die gesellschaftlichen 'Makroeffekte' vermittelt durch die betrieblichen 'Mikroeffekte' abgebildet werden könnten. Brüderl erkauft sich die durch seine innerbetriebliche Perspektive gesteigerte Meßpräzision der Gelegenheitsstruktur durch Defizite im *theoretischen* Gehalt seiner Variablen. Es existieren im Gegensatz dazu Theorien, die den Wandel der Beschäftigungsstruktur und der jeweils spezifischen Mobilitätsregimes auf der Ebene *ganzer Gesellschaften* erklären. Blossfeld (1989: 33-35) führt in diesem Zusammenhang insbesondere die Ansätze von Harry Braverman und Daniel Bell an. Im Mittelpunkt des Ansatzes von Bell steht die gesellschaftliche Notwendigkeit, aufgrund von "allgemeinen

Zwängen"[7] stets neue Techniken anzuwenden. Gleichwohl jede moderne Gesellschaft eine Mischung aus allen drei Sektoren darstellt, dem primären (Landwirtschaft und Bergbau), dem sekundären (Industrie) und dem tertiären (Dienstleistungen), erfolgte in der Nachkriegszeit in Verbindung mit neuen Technologien eine Verschiebung der relativen Beschäftigtenzahl zugunsten des *Dienstleistungssektors* und damit ein Bedeutungszuwachs von "Kopfarbeitern" in höher qualifizierten Berufen. Bells Konzept der nachindustriellen Gesellschaft beschreibt daher im wesentlichen eine "Wissensgesellschaft".

Braverman dagegen erklärt den berufsstrukturellen Wandel aus einer marxistischen Perspektive heraus und betont den Interessengegensatz von Kapital und Arbeit. Die Beschäftigten eines Betriebes erwehren sich Braverman (1977: 54) zufolge einer vollständigen Ausbeutung ihres menschlichen Produktionspotentials durch den Arbeitgeber, weshalb aus Sicht der Betriebseigentümer die Kontrolle über den Arbeitsprozeß möglichst gänzlich in die Hände des Managements gelegt werden muß (ebd.: 84). Durch technische und arbeitsorganisatorische Mittel, durch die "Taylorisierung" der Produktion und den Einsatz von Maschinen, versucht das Management, den Arbeitsprozeß in einer Form zu gestalten, die der Masse der Beschäftigten möglichst wenig Wissen über den Gesamtzusammenhang des Arbeitsprozesses abverlangt (ebd.: 94, Blossfeld 1989: 34). Im Zuge dieser Entwicklung entsteht eine Polarisierung der Qualifikationsanforderungen. Die einstigen Handwerker werden von einer geringen Zahl von Ingenieuren und Technikern auf der einen, und von un- und angelernten Arbeitern auf der anderen Seite ersetzt.

Weil unter der Bedingung "tayloristischer" Arbeitsorganisation jedes Element des Produktionsprozesses als *Planung im Büro* vorweggenommen wird (Braverman 1977: 185), erfahren die Kontroll- und Verwaltungstätigkeiten und Technikerberufe, die nun gleichermaßen nach tayloristischen Prinzipien organisiert werden, ebenfalls infolge von Rationalisierungen eine Qualifikationsentwertung (ebd.: 187). Die Folge ist schließlich ein Anwachsen der einfachen Dienstleistungs- und Verwaltungsberufe, in welche auch die ursprünglich in der Produktion Beschäftigten zunehmend hinein strömen. Darüberhinaus wird der Tertiarisierungsprozeß durch die Erosion der bisher familialen und tendenziell autarken Versorgungsmuster im Zuge voranschreitender Urbanisierung verstärkt (Braverman 1977: 210), indem die Versorgungstätigkeiten der lebensweltlich verankerten Gemeinschaften zunehmend von einfachen Dienstleistungsberufen ausgeübt werden (ebd.: 211f).

Beide Ansätze treffen Aussagen über den Wandel der Beschäftigungsstruktur aufgrund einer Akzentverschiebung hin zum tertiären Sektor. Übertragen auf die oben angeführte Theorie Sørensens bedeutet der berufsstrukturelle Wandel einen

---

[7] Daniel Bell, zit. n. Blossfeld 1989: 33

Wandel der Form der pyramidalen Verteilungsstruktur der Jobs (Sørensen 1983: 213) *auf der gesamtgesellschaftlichen Ebene.*

Braverman zufolge bedeutet die Tertiarisierung eine Polarisierung der Qualifikationen und eine relative Zunahme insbesondere der einfachen Dienstleistungs- und Verwaltungstätigkeiten. Aber auch ungelernte Positionen im industriellen Sektor gewinnen zu Lasten der traditionellen Handwerksberufe an Bedeutung. Es kommt Braverman zufolge auch zu einer Ausweitung der Pyramide in den unteren Bereichen, also zu einer Dequalifizierung der Beschäftigungsstruktur. Empirisch müßte der von Braverman beschriebene Polarisierungsvorgang einer Ausweitung der Aufstiegschancen als Periodeneffekt eher entgegenwirken, die Abstiegsgefahr - als Periodeneffekt - müßte sich dagegen erhöhen.

Bell sieht dagegen den Tertiarisierungsprozeß der Berufsstruktur mit einem Bedeutungszuwachs von Dienstleistungsberufen mit höheren Qualifikationsvoraussetzungen und damit einer Ausweitung des oberen Teils der Ungleichheitspyramide einhergehen. Demzufolge kommt es im Zuge der Tertiarisierung zu einer Erhöhung der Aufstiegschancen (ebenfalls als Periodeneffekt).

Bei den Berufseinsteigern wirkt sich die hohe Erstplazierung infolge der Tertiarisierung als *Kohorteneffekt negativ* auf die weitere Aufstiegsrate aus, denn

"je höher das Eintrittsniveau in den Arbeitsmarkt ist, desto geringer sind die Chancen, eine noch bessere Position zu finden" (Blossfeld 1989: 48).

Eine Modellierung des Tertiarisierungseffektes führt die Mobilitätsanalysen daher bereits recht nahe an Sørensens Vacancy Competition Ansatz heran, da die Form der pyramidalen Ungleichheitsstruktur operationalisiert werden kann und überdies die restriktive Annahme der Semi-Statik dieser Struktur (Blossfeld 1987: 76, 1989: 46) vermieden wird, indem alle drei Zeitebenen (Kohorten-, Perioden- und Lebenslaufeffekte) berücksichtigt werden können.

Wie oben bereits angedeutet, ist die Entstehung von Vakanzen durch *Abwanderungen aus dem Erwerbssystem durch Berentung*, die ein konstitutives Element der vakanztheoretischen Ansätze darstellt, in Blossfelds Analysen dagegen nicht berücksichtigt worden. Eine Einbeziehung dieser Prozesse in ereignisanalytische Modellierungen stellt die wichtigste Innovation der vorliegenden Arbeit dar. Das dagegen die Forderung, bei der Messung der nationalen Opportunitätsstruktur die Abwanderungen aus dem Erwerbssystem zu berücksichtigen, nicht neu ist, wird im folgenden Abschnitt erläutert.

4.4.3 Die Entstehung von Vakanzen in den instabilen Strukturen nationaler Arbeitsmärkte

Der strukturelle Rahmen, in dem sich soziale Mobilitätsprozesse abspielen, determiniert die überhaupt vorhandenen Gelegenheiten, auf die eventuelle Aufstiegsambitionen von Individuen hin ausgerichtet sein können. Der Abwanderung aus dem Erwerbssystem infolge von Berentungen kommt nach dem Sørensen-Modell eine Schlüsselrolle für die Vakanzenbildung innerhalb dieser Postionenstruktur zu:

"Chains of moves by persons start when a person enters the labor force and end with retirement (..). Chains of moves of vacancies start with the creation of a vacancy because of retirement (or the creation of a new job) and end with the elimination of a lower-status vacancy by a person from outside the system (or by elimination of the job) (Sørensen 1979: 367, vgl. auch Sørensen 1977: 970).

Roderick J. Harisson (1988) versucht diese demographischen Strukturen in die Analysen von Mobilitätsprozessen innerhalb nationaler Beschäftigungssysteme, die in einigen wichtigen Aspekten von den Voraussetzungen Whites abweichen (Harisson 1988: 8), miteinzubeziehen. Er geht davon aus, daß sich die bisherigen vakanztheoretischen Modelle, wie sie etwa von White oder Sørensen entwickelt wurden, nicht in reiner Form auf nationale Positionsstrukturen übertragen lassen (Blau 1994: 95). Nationale Positionsstrukturen verstoßen gegen zwei fundamentale Voraussetzungen der Vakanzkettenmodelle. Zum einen handelt es sich bei den nationalen Arbeitsmärkten nicht zwangsläufig um "tight systems" im Sinne Whites (vgl. Kapitel 4.1), in denen Positionen nach Austritt ihres Inhabers in der Regel bestimmte Zeit vakant bleiben, zum anderen ist die stabile Identität der "fixed jobs" der internen Arbeitsmärkte auf der gesamtgesellschaftlichen Ebene nicht gegeben. Auf den gesamtgesellschaftlichen Arbeitsmärkten sind es in der Regel die arbeitslosen Personen und nicht die Positionen, die sich ohne Stelle im "freigesetzten" Zustand befinden, und die Mechanismen der Verbindung von Person und Position ähneln auf dem "freien Arbeitsmarkt" eher Whites "matchmaking systems" (vgl. oben). Derartig stabile Strukturen und Identitäten der Positionen, wie sie sich in den internen Arbeitsmärkten finden, treten auf der nationalen Ebene nicht mit derselben Wahrscheinlichkeit auf, wie innerhalb der organisationsinternen Beschäftigungsverhältnisse.

Überdies kann sich die Identität einer Position infolge ihrer Neubesetzung verändern, indem die neue Person hinsichtlich ihrer Tätigkeit eine grundsätzlich andere Konzeption verfolgt, als ihr Vorgänger. Und darüberhinaus betrachten viele Firmen Neueinstellungen als eine Maßnahme, dem schwankenden Bedarf an Arbeitskräften nachzukommen. Ein sekundärer, bzw. "unstrukturierter" Arbeitsmarkt (Sengenberger 1987, vgl. Kapitel 5), der sich im Zuge dieser Maßnahmen herausbilden kann, ist durch seine Flexibilität völlig entkoppelt von den demographisch bedingten Vakanzbildungen Whites. In diesem Arbeitsmarktsegment existieren in der Regel keine innerbetrieblichen Karriereleitern, und die Jobs verschwinden ebenso schnell wieder, wie sie entstanden sind.

Vakanzen auf der gesamtgesellschaftlichen Ebene, die durch Berentungen und Schaffung neuer Jobs für eine Kohorte zu einem Zeitpunkt entstehen, bildet Harrison durch den 1 x s Zeilenvektor F(t) ab (vgl. auch White 1970: 25f). Vakanzen entstehen für jede einzelne Kohorte zu Beginn eines jeden Jahres (oder einer jeden anderen Periode von Umverteilungen). Nach der ersten Umverteilungsperiode ist die Zahl der Vakanzen beschrieben durch F(t)Q, nach der zweiten durch $F(t)Q^2$. Mit jeder folgenden Periode (h) personeller Umverteilungen und Neurekrutierungen ändert sich die Zahl der Vakanzen auf $F(t)Q^h$. Wird nun die Zahl der Vakanzen über jede Periode h (h=0→∞) kumuliert, ergibt sich die gesamte Zahl der Vakanzen M(t) aus dem 1 x s Zeilenvektor

$$M(t) = \sum_{h=0}^{\infty} F(t) Q^h \qquad (4.5)$$

Übertragen auf die Ebene eines nationalen Beschäftigungssystem, auf der die Positionsstruktur weitaus weniger statisch ist als innerhalb eines Betriebes, ist F(t), die Entstehung von Vakanzen in jeder Periode, eine Funktion der Schaffung neuer Jobs (NEWJOBS), der Berentungen (RETS) und des Auslaufens und Wegfalls von Jobs (JOBTREMS und ABOLS). Letzteres konnte White in den von ihm studierten Systemen vernachlässigen (Harrisson 1988: 10). Somit folgt für die Vakanzen auf der Makroebene (ebd.: 12):

$$^{in}\hat{M}_r(t) = NEWJOBS_r - ABOLS_r - JOBTERMS_r + RETS_r + \sum_{c=1}^{s} b_{rc}(t)$$

(4.6)

Die insgesamt auftretenden Vakanzen $^{in}\ddot{M}_r(t)$ auf der Stufe r zum Zeitpunkt t bestehen aus den neu geschaffenen Jobs abzüglich der Abschaffungen und der Beendigung von Jobs. Hinzu addiert werden die Zahl der Pensionierungen und die beobachtete Anzahl der Abwanderungen aus Stufe r nach Stufe c. In der empirischen Analyse zeigte sich, daß die Gelegenheitsstruktur nicht allein von der Veränderung der Struktur der Positionen und der Verrentungen abhängig ist, sondern auch von den durch Vakanzketten hervorgerufenen Multiplikatoreffekten (Harrison 1988: 19, Blau 1994: 96).

Allerdings wurde in den folgenden empirischen Analysen (vgl. Kapitel 10) von einer gemäß dem Vorschlag Harissons exakten Berechnung der Vakanzen Abstand genommen. Den zeitabhängigen Term der real erfolgten Abwanderungen von Stufe r nach c hätte man zwar aus den Daten des Familiensurvey auch zeitabhängig schätzen können. Die direkte Herleitung der Gelegenheitsstruktur aus dem Familiensurvey ist jedoch problematisch, da die Repräsentativität des Familiensurvey hinsichtlich wichtiger Variablen nicht gewährleistet ist. Insbesondere bei den Variablen, die die aktuelle Erwerbstätigkeit der Personen erfragt (Alt 1994: 510) als auch bei der Geschlechterverteilung (ebd.: 505) sind starke Abweichungen von den Zahlen des Mikrozensus 1988 festzustellen. Würde unter diesen Bedingungen versucht, die Gelegenheitsstrukturen aus den Daten direkt herzuleiten, wären die errechneten Parameter verzerrt, da sowohl die beruflichen Stellungen als auch die Abstromquoten von jeder Stufe mit dem Geschlecht konfundiert sind. Das ohnehin existierende Repräsentativitätsproblem wäre damit verdoppelt.

Die Daten der Lebensverlaufsstudie des MPIBB sind zwar in ihrer Repräsentativität relativ exakt (Blossfeld 1989: 168), jedoch wurden bewußt nur bestimmte Geburtskohorten erhoben, was einer Berechnung der insgesamten Gelegenheitsstrukturen wiederum entgegensteht.

Dagegen wurde ein Weg eingeschlagen, der eine Kontrolle der makrosozialen Gelegenheitsstrukturen in Form von Zeitreihen ermöglicht. Das *Tertiarisierungsniveau* bildet erstens die Veränderung der positionalen Struktur ab, indem es anzeigt, inwieweit neue Positionen in höheren (Bell) oder niedrigeren (Braverman) Bereichen der pyramidalen Statusstruktur entstehen. Die *Arbeitsmarktlage* indiziert zweitens das Aufkommen von Marktungleichgewichten, die infolge von Verknappung oder Ausweitung von Arbeitsplätzen und der Wirkung auf die Suchkosten wichtige Kontextbedingungen für Statuskarrieren liefern. Drittens wird durch den kalenderzeitveränderlichen Anteil der 60 bis 65 Jährigen an der Gesamtbevölkerung der *Anteil der potentiellen Pensionäre* und damit ein für die individuellen Karrierechancen bedeutsamer Aspekt der Altersstruktur approximativ erfaßt. Die Intensität der Konkurrenz um vakante Positionen wird überdies von der *Größe der jeweiligen Geburtskohorten* beeinflußt, die darum in die Modelle miteinbezogen wurde. Richard A. Easterlin (1980: 26) betont in seiner Studie über den Zusammenhang zwischen der Größe einer Geburtskohorte und dem Wohlstand ihrer Mitglieder, daß

"on the average, a surplus generation will move up the career ladder more slowly than a scarce generation. A generation's numbers thus affect not only employment and pay rates but the pace of promotion as well".

4.5 Zusammenfassung und Schlußfolgerung: Die Opportunitätenstruktur der gesamtgesellschaftlichen Ebene und das sukzessive Zusammenfinden von Person und Position bei Sørensen und Tuma.

Bezüglich des Problems der unterschiedlichen Verortung der industriesoziologischen Vakanzkettenmodelle (Betriebsebene) und der folgenden empirischen Analysen (Makroebene) kann schließlich festgehalten werden, daß

- zwar leider die Opportunitätenstruktur mit dem Familiensurvey 1988 (vgl. unten) und der Lebensverlaufsstudie des MPIBB nicht annähernd so präzise erfaßt werden kann, wie durch Brüderls, Preisendörfers und Zieglers Maßzahl OPP,
- dieser Nachteil aber unter der Annahme einer Normalverteilung der (unbeobachteten) betrieblichen Merkmale in der Stichprobe weitgehend durch den Statusscore des Ausgangsjobs und der Berücksichtigung der makrosozialen Opportunitätenstrukturen ausgeglichen werden kann, und damit
- auch auf der Makroebene Variablen für die Entstehung von Vakanzen eingeführt werden und somit Hypothesen aus der eigentlich für geschlossene Systeme formulierten Vacancy Competition Theorie getestet werden können.

Gelingt es, das Problem des Opportunitäts-Bias auch auf der gesamtgesellschaftlichen Ebene annähernd zu kontrollieren, haben Analysen auf der Basis von Survey-Daten gegenüber der betriebsinternen Perspektive mehrere Vorteile. Sie sind von wesentlich größerer Reichweite, indem sie Strukturen und Prozesse sozialer Ungleichheit für die gesamte Erwerbsbevölkerung nachvollziehbar machen und nicht auf die Population eines einzelnen Betriebs beschränkt bleiben. Für Analysen ungleicher Erwerbsverläufe in der BRD ist dies die Voraussetzung.

Sørensens Maß der Form der Ungleichheitspyramide steht in enger Beziehung zur Beschaffenheit der nationalen Beschäftigungsstruktur und deren Niveau der *Tertiarisierung*. Zwei konkurrierende Ansätze über den Effekt des Tertiarisierungsprozesses auf diese Form, Bravermans Dequalifizierungs- und Polarisierungshypothese und Bells Entwurf einer "Wissensgesellschaft", sind durch Mobilitätsanalysen überprüfbar. Wodurch die Phasen der Kontraktion oder Expansion von Brüderls "Südwerk" begründet sind, bleibt dagegen theoretisch ungeklärt. Die innerbetriebliche Perspektive ist darüberhinaus, wie wir sahen, bei den Austrittsereignissen aus dem Betrieb blind gegenüber der Mobilitäts*richtung* innerhalb der vertikalen Ungleichheitsstruktur.

Schließlich ist es notwendig, der Kernannahme der strukturzentrierten Vacancy Competition Theorie über die Entstehung von Vakanzen soweit Rechnung zu tragen, daß ebenfalls die periodisch schwankenden Ausstiege aus dem Erwerbssystem durch Berentung - die Leerstellenbildung im Positionsgerüst und die dadurch auftretenden Vakanzketten - in das auf die nationale Beschäftigungsstruktur bezogene empirische Modell integriert werden. In dieser Absicht wird darum die Hypothese aufgestellt, daß ein hoher Anteil an potentiellen Pensionären als Periodeneffekt die Gelegenheitsstruktur für Aufstiege begünstigt.

Sørensens vacancy competition Ansatz und die modifizierte Humankapitaltheorie Tumas sind in ihren wichtigsten Hypothesen über den Zusammenhang von Aufstiegsraten und individuellen Ressourcen nahezu deckungsgleich (Blossfeld 1990: 133). Tuma integrierte in ihren Humankapitalansatz nicht nur die in der Realität üblichen Marktungleichgewichte, sondern erkennt in einem zusammen mit Sørensen publizierten Aufsatz (Sørensen/Tuma 1981: 79) überdies die Bedeutung der Gelegenheitsstrukturen an.

Sørensen dagegen integriert in die radikal strukturalistische Vakanzkettentheorie Whites die Bedeutung der individuellen Ressourcen. Sowohl Sørensen (1984: 97) als auch Tuma (1976: 344) gehen von der Existenz eines für jede Person, jedes spezifische Ressourcenniveau und jedes damit verknüpfte Niveau an erreichbaren Belohnungen *angemessenen* Positionsniveaus aus. Sørensen zufolge ist die hohe Diskrepanz zwischen den individuellen Ressourcen und dem Statusniveau der Normalzustand bei Eintritt in geschlossene Systeme, bzw. diese Diskrepanz ist zu diesem Zeitpunkt am größten[8] (Sørensen 1977: 972). Erst mit zunehmender Verweildauer in einem System gleichen sich infolge von Aufwärtsmobilitätsprozessen Qualifikations- und Gratifikationsniveau sukzessive einander an. Da jedoch aufgrund der pyramidalen Ungleichheitsstruktur die Auftrittswahrscheinlichkeit und die Erreichbarkeit von Vakanzen mit zunehmender Statushöhe abnehmen, sinkt mit zunehmender Berufserfahrung die Aufstiegsrate. Berufserfahrung und Angemessenheit der Person-Job Verbindung messen nach Sørensen denselben Sachverhalt, weshalb der Effekt der Berufserfahrung verschwinden müßte, wenn Statusniveau des Ausgangsjobs und das Qualifikationsniveau kontrolliert sind (Sørensen 1983: 216, 1984: 103). Der Primat bei den erklärenden Variablen liegt bei Sørensen immer noch bei der Gelegenheitsstruktur und den vakanten Positionen und die Aufwärtsmobilität erscheint als *naturgegebener Anpassungsprozeß von Person und Job*. Abstiege werden in seinem für geschlossene Systeme entwickelten Modell nicht berücksichtigt, obwohl ihre empirische Existenz natürlich anerkannt wird (Sørensen 1977: 970). Die auf die reinen Marktmechanismen reduzierte Perspektive der neoklassischen Humankapitaltheorie wird bei Sørensen bewußt in Frage gestellt. Tumas Modell ist dagegen nicht explizit für geschlossene Systeme formuliert, vielmehr betrachtet sie die Allokationsmechanismen sowohl unter "flexible" als auch unter "inflexible employment" (Tuma 1985: 332). Die Karriereprozesse sind in ihrem Modell weniger als naturwüchsig gegebene Aufstiegsereignisse zu begreifen, vielmehr sind Auf- und Abstiege als Kompensation von Fehlallokationen gleich wahrscheinlich. Die Karrieren von Personen stellen in Tumas Ansatz einen Prozeß des sukzessiven Zusammenfindens von Person und Job dar, der, im Gegensatz zu Sørensens Modell, unter den Bedingungen der Suchkosten und der unvollständigen Information mit "unerwarteten Gewinnen" auf Arbeit*nehmer*seite beginnen kann. Das Gleichgewicht wird über *Abstiegs*prozesse im weiteren Erwerbsverlauf wieder hergestellt. Tuma verbleibt mit ihrer Betonung der nutzenmaximierenden Kalkulationen von Arbeitnehmer und Arbeitgeber auf

---

[8] Tuma (1985: 359, Anm. 9) kritisiert an Sørensen, daß er keine Begründung für diesen Sachverhalt liefert, der immerhin konstitutiv für seine Theorie ist.

der Ebene der Handlungstheorie. Ihr Ansatz ermöglicht ein "Erklären" sozialer Sachverhalte in der Form, wie wir sie oben (Kapitel 3.4) beschrieben haben und fand darum beispielsweise auch eine Anwendung in der handlungstheoretisch fundierten Analyse der *Statusinkonsistenz* von Becker und Zimmermann (1995).

Blossfelds Versuch, Tumas fruchtbaren handlungstheoretischen Ansatz um die systematische Einbeziehung der makrosozialen Strukturbedingungen zu erweitern, muß jedoch wiederum um einen wichtigen, dem Sørensen-Modell inhärenten strukturellen Faktor ergänzt werden: der Vakanzbildung aufgrund von Abwanderung der Pensionäre aus dem Erwerbssystem.

5 Soziale Schließung im segmentierten Arbeitsmarkt und institutionalisierte Karrieremuster im öffentlichen Dienst

5.1 Der segmentierte Arbeitsmarkt

Eine weitere theoretische Linie, die ebenfalls als direkte soziologische Antwort auf die reduktionistische neoklassische Markt- und Humankapitaltheorie verstanden werden muß (Diekmann 1985: 7, Sengenberger 1987: 46), stellt die Tradition des *Institutionalismus* dar. Entgegen der neoklassischen Arbeitsmarkttheorie, der gemäß Lohndifferentiale stets eine Folge von Leistungs- und Produktivitätsgefällen darstellen, betonen die institutionalistischen Ansätze die Verschiedenheit von *Teilarbeitsmärkten*. Dieser Perspektive liegt eine Unterscheidung zwischen *strukturlosen* und *strukturierten* Arbeitsmärkten zugrunde (Kreckel 1983a: 147). In den strukturlosen Märkten existiert allein die Entlohnung als Bindeglied zwischen Unternehmer und Arbeitnehmer und damit für keine Seite irgendein rechtmäßiger oder normativer Anspruch auf eine dauerhafte Verbindung zwischen Person und Job. Eine Strukturierung dieser Beziehung tritt dann ein, wenn bei den Beschäftigten aufgrund von normativen oder rechtlichen Regelungen zwischen einer integrierten und einer ausgeschlossenen Gruppe differenziert wird. Insbesondere zwischen den "Souveränitätsbereichen" der Berufsgruppen kommt es aufgrund von organisierten Interessen oder bestimmten Traditionen zu Mobilitätsbarrieren.

5.1.1 Die Theorie des dualen Arbeitsmarktes

In unmittelbarer Anknüpfung an den Institutionalismus entstand die Theorie vom *dualen Arbeitsmarkt*. Ihre zentrale These ist, daß es einen homogenen Arbeitsmarkt, wie es nach der Humankapitaltheorie behauptet wird, in dieser Form nicht gibt. Vielmehr existieren mindestens zwei voneinander relativ abgeschottete Teilarbeitsmärkte, deren Mitglieder nicht segmentübergreifend gegeneinander konkurrieren. Zum einen werden Beschäftigte im *primären* Segment verhältnismäßig hoch bezahlt und die Verbindungen von Person und Arbeitsplatz sind eher stabil. Ihrer Berufserfahrung und ihrer Ausbildung entsprechend verfügen sie über gute Aufstiegschancen (Blossfeld 1990: 123). Dagegen sind im *sekundären* Arbeitsmarkt die Beschäftigten schlecht bezahlt, haben weniger sichere Jobs und kaum die Möglichkeit, ihren Status über betriebsinterne Karriereleitern zu verbessern. Aus der Perspektive der Arbeitgeber dienen diese Beschäftigungsverhältnisse als disponible Manövriermasse, die der Betriebsleitung ein flexibles Reagieren auf konjunkturelle Schwankungen ermöglicht (Brüderl 1991: 160, Hirsch/Roth 1986: 112f, Sengenberger 1987: 61). In großen Betrieben sind diese Jobs vor allem in den "Rand- und Hilfsbereichen" zu finden (Blossfeld/Mayer 1988: 264). Die Zuordnung der Individuen zum sekundären Arbeitsmarktsegment korreliert mit bestimmten Merkmalen: Alter, Bildung, Geschlecht und Nationalität (Kreckel 1983a: 148, Brüderl 1991: 160).

Einer der wichtigsten Einwände gegen die Theorie des dualen Arbeitsmarktes besteht darin, daß sie zu undifferenziert sei, da sie die Teilarbeitsmärkte auf nur zwei Sektoren reduziere (Carroll/Mayer 1986: 328). Hachen (1988: 37) unterscheidet in diesem Zusammenhang darum einerseits zwischen theoretischen Ansätzen, die in erster Linie die Einkommensvariationen bei ähnlichen Ressourcenausstattungen der Arbeitnehmer betrachten und darum - folgerichtig - zu einer Dichotomie von "guten" und "schlechten" Jobs führen. Andererseits existieren Ansätze, die vor allem in den Verbindungsmechanismen von Person und Job das entscheidende Kriterium für die Definition der Segmente sehen und die empirischen Forschung insbesondere auf die jeweiligen Mobilitätsmuster und die Existenz von Mobilitätsketten konzentrieren. Hachen untersucht die Segmentierung von Arbeitsmärkten in den USA darum sowohl unter Bezug auf die modifizierte dualistische Perspektive von Hodson, die den öffentlichen Sektor in die Typologie integriert, als auch auf den sehr differenzierten Ansatz von Stinchcombe, der immerhin sieben Arbeitsmarktsegmente unterscheidet (ebd.: 43f).

Unter den bundesdeutschen Ansätzen wird dagegen insbesondere die Theorie der *dreifachen* Arbeitsmarktsegmentation diskutiert.

5.1.2 Sengenbergers Theorie der dreifachen Arbeitsmarktsegmentation

Werner Sengenberger (1987) unterscheidet in bezug auf den spezifischen deutschen Arbeitsmarkt zwischen drei Teilarbeitsmärkten, nämlich dem unstrukturierten, dem betriebsspezifischen und dem berufsfachlichen Teilarbeitsmarkt.

Auf den *"Jedermannsarbeitsmärkten"*, neuerdings bei Sengenberger auch als *"unstrukturierte Arbeitsmärkte"* bezeichnet (ebd.: 119ff), wird unspezifisches Arbeitsvermögen nachgefragt, das an keine spezielle Qualifikation gekoppelt ist. Darum ist dieses Segment auch deckungsgleich mit dem sekundären Arbeitsmarkt der Theorie des dualen Arbeitsmarktes (Kreckel 1992: 197). In diesem Segment gilt das Prinzip des klassischen Wettbewerbsmodells in idealtypischer Weise: "The only nexus is cash", es bestehen also keinerlei Mobilitätshemmnisse und weder für den Arbeitnehmer noch für den Arbeitgeber existieren irgendwelche Anpassungskosten im Falle eines Jobwechsels. Mit einer direkten Koppelung der Entlohnung an die erbrachte Leistung (Stücklohn) werden Lohnstückkostendifferenzen zwischen einzelnen Arbeitnehmern angeglichen. Diese Koppelung kann am zuverlässigsten bei einfachen, unqualifizierten oder wenig qualifizierten Tätigkeiten sichergestellt werden, weshalb diese im unstrukturierten Arbeitmarkt die Regel darstellen (Sengenberger 1987: 120).

Dagegen erfordert eine Partizipation am internen, *betriebsspezifischen* Arbeitsmarkt bestimmte, "on-the-job" erworbene Qualifikationen, die darum zumeist ohne Bedeutung für andere Betriebe sind und folglich auch selten auf dem überbetrieblichen "freien" Markt angeboten werden (Blossfeld/Mayer 1988: 265, Sengenberger 1987: 152f). Betriebsspezifische Arbeitsmärkte finden sich insbesondere in anlagenintensiven Branchen mit speziellen Produktionsformen (Blossfeld 1989: 32, Keller 1985: 667), im Angestelltenbereich des Dienstleistungssektors und im öffentlichen Dienst (Sengenberger 1987: 155). Ursächlich für die Herausbildung innerbetrieblicher Märkte ist ein Austauschverhältnis zwischen Arbeitnehmer und Arbeitgeber (Keller 1985: 669). Im Falle von Neubesetzungen freier Stellen besteht der Gewinn der Arbeitgeberseite zum einen in der umfassenden Informiertheit der Personalleitung über den Arbeitnehmer und zum zweiten in dessen Motivations- und Loyalitätssicherung durch den Anreiz einer internen Beförderungsaussicht (Sengenberger 1987: 157). Der Arbeitnehmer kann im Gegenzug von den in Aussicht gestellten Gratifikationen profitieren und ist überdies von den harten Konkurrenzbedingungen des außerbetrieblichen Arbeitsmarktes abgeschottet. Als Folge dieser Interessenkonvergenz zwischen beiden Parteien müßte ein Arbeitnehmer bei Verlassen eines internen Marktes mit starken Verlusten an materiellen und symbolischen Gratifikationen rechnen, da seine betriebsspezifischen Fertigkeiten nur in seltenen Fällen für andere Betriebe verwertbar sind und weil darüberhinaus seine berufsfachliche Qualifikation während der im Betrieb verbrachten Zeit veraltet sein könnte. Der Arbeitnehmer ist damit einerseits zwar entlastet vom Wettbewerb auf dem *Arbeits*markt, andererseits aber abhängig von seinem Beschäftiger und *dessen* Konkurrenzfähigkeit auf dem *Produkt*markt (Sengenberger 1987: 167). Darüberhinaus wird der Wettbewerb um die *"ports of entry"* (Keller 1985: 651), die Betriebseintrittspositionen, mit zunehmender Abschottung der internen Märkte immer schärfer (ebd.: 661).

In der Bundesrepublik hat sich infolge des im Verhältnis zu anderen westlichen Industrieländern besonders gut ausgebauten und überbetrieblich organisierten Berufsausbildungssystems darüberhinaus ein *berufsfachlicher* Teilarbeitsmarkt etabliert, in dem die Qualifikationsanforderungen in dem Besitz von Zertifikaten klar definierter Ausbildungsberufe bestehen. Zutritt zu diesem Arbeitsmarktsegment haben allein diejenigen, die über die erforderlichen Zertifikate verfügen (Sengenberger 1987: 127). Wegen der eindeutigen Nachweisbarkeit der Qualifikation ist ein überbetrieblicher Wechsel ohne Statuseinbußen möglich (Sengenberger 1987:

157, Blossfeld/Mayer 1988: 266), vorausgesetzt, man verfügt über Qualifikationen, die aufgrund technologischen Wandels nicht veraltet sind (Kreckel 1983a: 153).

Das Niveau der schulischen oder beruflichen Ausbildung ist für den Eintritt in den betriebsinternen Arbeitsmarkt ausschlaggebend, weil es die Arbeitgeber als zuverlässigen Indikator für die zu erwartenden Einarbeitungskosten in die jeweils spezifischen Tätigkeiten betrachten:

> "So greifen große Betriebe mit betriebsspezifischen Arbeitsmärkten zu einem erheblichen Ausmaß auf die im Handwerk ausgebildeten Fachkräfte zurück" (Blossfeld/Mayer 1988: 266),

Im Gegensatz zum Betriebseinstiegsprozeß ist für innerbetriebliche Aufstiege eher das Senioritätsprinzip ausschlaggebend (Blossfeld/Mayer 1988: 263). Demzufolge müßte die Verweildauer innerhalb eines Betriebes, die Senioritätszeit, einen positiven Effekt auf die innerbetriebliche Aufstiegsrate haben.

Gering qualifizierte Arbeitskräfte - speziell gering qualifizierte *Frauen* - finden sich zumeist auf dem Jedermannsarbeitsmarkt wieder (ebd.: 270, Kreckel 1983: 148).

Die Jedermannsarbeitsmärkte werden von einigen Autoren (Blossfeld/Mayer 1988: 271f, Szydlik 1991: 247) nochmals unterteilt in kleine und große Betriebe. Blossfeld und Mayer (1988: 268) betrachten eine Mitarbeiterzahl bis 50 als kleinen Betrieb, Szydlik (1991: 247) setzt dagegen die Schwelle bei 200 Mitarbeitern an. Die Unterscheidung zwischen großen und kleinen Betrieben ist sehr relevant, weil immerhin 10,4% der Beschäftigten des Jedermannsarbeitsmarktes großer Betriebe in den betriebsspezifischen Arbeitsmarkt überwechseln (Blossfeld/Mayer 1988: 271). Zumindest in großen Betrieben besteht also offenbar eine gewisse Chance, sich zu etablieren und von den internen Karriereleitern zu profitieren.

5.2 Der öffentliche Dienst als Idealtyp interner Märkte?

Statuszuweisungsprozesse in betriebsinternen Arbeitsmärkten erfolgen in der Privatwirtschaft aufgrund von Austauschprozessen zwischen Arbeitgeber und Arbeitnehmer. Wie wir sahen, können in der Regel beide Seiten von diesem Tausch profitieren. Eine besondere Institutionalisierung derartiger Beziehungen stellt der öffentliche Dienst dar, weil im öffentlichen Sektor weniger die sozialen Normen der Reziprozität, sondern bestimmte *Rechts*normen über Besoldung und Laufbahn entscheiden (Becker R. 1993: 18, 33f). Gøsta Esping-Andersen (1990: 59) zufolge resultieren diese Rechtsnormen unter anderem ebenfalls aus einem Austauschverhältnis, indem sich der Staat im Austausch mit bestimmten Privilegien Loyalität und Zuverlässigkeit der Beamten sichert. Im öffentlichen Sektor ergänzen vor allem Beamte ihre Ausbildung, nachdem sie die hochgradig formalisierten Eintrittsbedingungen erfüllt haben, durch spezifische Vorbereitungs- und Weiterbildungskurse. Dadurch werden sie dauerhaft an die Institution gebunden und die Aufstiegsmobilität erfolgt aufgrund von Alterseinkommensprofilen und Vakanzketten. Die Allokationsmechanismen des Marktes sind für Beamte demnach ersetzt durch *"gesetzlich fixierte* Allokationsentscheidungen" (Keller 1985: 650). Die soziale Schließung der Positionen im öffentlichen Dienst ist somit (für Beamte) rechtlich institutionalisiert. Nach Ansicht von Rolf Becker (1993: 599) hat deshalb die Institution des öffentlichen Dienstes eine wichtige, in der Diskussion über soziale Ungleichheit bisher vernachlässigte Bedeutung:

"Neben Klassenlage, Alter oder Erwerbsdauer ist der Eintritt in den öffentlichen Dienst und die dauerhafte Beschäftigung im Staatssektor ein weiteres Strukturmerkmal für soziale Ungleichheit".

Keller (1985: 665f) weist auf die im öffentlichen Dienst immer häufiger auftretenden Tendenzen der Flexibilisierung durch Teilzeitarbeit und Zeitverträge hin, die mittlerweile zwar zu einer vertikalen Segmentation und einem Ausbau eines sekundären Segments geführt haben. Dagegen hat der Arbeitsmarkt für Jedermann-Qualifikationen, der im öffentlichen Dienst durchaus existiert, zwischen 1968 und 1980 eher abgenommen. Dies ist nicht weiter verwunderlich, wenn man bedenkt, daß im öffentlichen Dienst auf die in der Privatwirtschaft funktional notwendige Pufferfunktion des flexiblen Jedermannsarbeitsmarktes verzichtet werden kann (ebd.: 668). Auf der anderen Seite gilt für die besonders qualifizierten "Inhaber" von Leitungsfunktionen im öffentlichen Dienst, daß sie in der Regel nicht mehr "betriebsintern" rekrutiert werden:

"Die Einstellung von Hochschullehrern oder Führungskräften in den Spitzen der Verwaltung sind Beispiele für die Existenz teilweise unterschiedlicher Regeln und Zugangsvoraussetzungen im oberen Segment des primären Marktes" (ebd.: 666).

Es muß darum von einer Überlappung verschiedener Arbeitsmarktsegmente im Bereich des öffentlichen Dienstes ausgegangen werden. Idealtypisch betrachtet sind im öffentlichen Dienst betriebsinterne und von der Marktkonkurrenz abgeschottete Allokationsmechanismen insgesamt gesehen aber die Regel (ebd.: 651). In diesem Zusammenhang führt Keller an (ebd.), daß

"in verschiedenen entwickelten westlichen Industrienationen die schlecht Qualifizierten innerhalb des öffentlichen Sektors vergleichsweise gut entlohnt werden".

Ob im öffentlichen Sektor ebenfalls die *Aufstiegschancen* gering Qualifizierter besser sind als in der Privatwirtschaft, soll unter anderem in den folgenden Analysen geprüft werden (Abschnitt 10.2). Aus den bisherigen Ausführungen ergibt sich, daß im öffentlichen Dienst soziale Abstiege die große Ausnahme sein sollten (ebd.: 654), Aufstiege aufgrund der engen Anbindung an die internen Mobilitätsketten einerseits zwar mit einer gewissen Sicherheit eintreten, andererseits aber bei den Beamten eine gewisse Mindestverweildauer in jeder Besoldungsgruppe einem Aufstieg vorangehen muß (ebd.). Die Mobilität ist im öffentlichen Dienst allgemein geringer und unter Umständen ist eine Karriere darum auf dem privatwirtschaftlichen Markt zwar unsicherer, kann dort aber in einer kürzeren Zeitspanne durchlaufen werden.

R. Becker (1993: 71) betont schließlich, daß die Reduzierung des öffentlichen Dienstes auf einen Idealtyp interner Arbeitsmärkte der realen Differenziertheit der öffentlichen Arbeitsmarktsegmente nicht gerecht wird, da je nach staatlichem Aufgabenbereich auch eine unterschiedliche Beschäftigungsstruktur existiert, die es statistisch zu kontrollieren gilt (ebd.: 175). Eine Analyse unterschiedlicher staatlicher Aufgabenbereiche fand in der vorliegenden Arbeit allerdings nicht statt. Am öffentlichen Dienst interessiert im folgenden vor allem die Tatsache, daß er eine geschlossenen institutionelle Struktur darstellt, durch die die marktgesteuerten Statuszuweisungsmechanismen außer Kraft gesetzt sind. Wahrscheinlich ist dieser Sachverhalt im öffentlichen Dienst stärker ausgeprägt, als in den geschlossenen Märkten der Privatwirtschaft. Insofern ist der öffentliche Dienst durchaus als Idealtyp interner Märkte zu begreifen.

5.3 Exkurs: Methodologische Differenzen zwischen strukturalistischen und ökonomischen Ansätzen und der Versuch einer "dynamischen Integration"

Die Perspektive der "neuen Strukturalisten" (Müller 1984: 19, auch Brüderl 1991: 13) ist methodologisch von der des methodologischen Individualismus ökonomischer Ansätze zu unterscheiden, da sie kollektive Phänomene nicht als - wie immer auch vermitteltes - Resultat individueller Handlungen begreifen. Heinz P. Galler (1985: 42) sieht daher auch

> "eine gewisse Schwäche der an Gelegenheitsstrukturen orientierten Mobilitätsmodelle. In der Tendenz werden Karrieremuster auf 'Strukturen' zurückgeführt, seien es 'Arbeitsmarktstrukturen' oder 'Organisationsstrukturen'. Der Zusammenhang mit den Verhaltensweisen, die hinter den 'Strukturen' stehen und sie letztendlich erst indizieren, wird aber nur qualitativ formuliert und bleibt letztlich vage. Im Mittelpunkt der Erklärung steht die 'Struktur' und nicht das 'Verhalten', was etwas die Sicht dafür nimmt, wie sich der Zusammenhang unter veränderten Rahmenbedingungen gestaltet. Letztlich bleiben die Modelle eher deskriptiv als erklärend im Sinne einer kausalen Verhaltenstheorie".

Blossfeld und Müller (1996) fordern zur Vermittlung der Perspektiven eine "dynamische Integration" der mikro- und der makrosozialen Theorieebene, indem sie die Prozeßhaftigkeit beider Ebenen betonen und zwischen diesen Prozessen eine eindeutig definierbare kausale Verknüpfung herstellen:

> "Die Hauptfunktion der Theorie auf der Makroebene ist es, die historisch relevanten strukturellen Prozesse (oder die unabhängigen und abhängigen Variablen) zu identifizieren. Den Mikrotheorien kommt die Funktion zu, uns den Sinnzusammenhang oder das Motiv der Han-

delnden verständlich zu machen und aufzuzeigen, in welcher Weise auf der Handlungsebene eine (..) Beziehung zwischen diesen Prozessen - oder Variablen - besteht" (Blossfeld/Müller 1996: 398).

Ein Prozeß auf der individuellen Ebene ist in der Definition von Blossfeld und Müller ein "zeitkontinuierlicher Pfad diskreter intentionaler Handlungen in einem bestimmten Lebensbereich" (ebd.). Auch Erwerbsverläufe sind durch intentionale Handlungen generiert, jedoch sind diese Handlungen - in den moderneren Varianten der Rational Choice Theorie - auf die wahrgenommenen Gelegenheitsstrukturen bezogen (ebd.: 394). Der zeitkontinuierliche Pfad der Entscheidungen auf der individuellen Ebene ist in seinen Sinngehalt nur zu verstehen, wenn die Perzeption der Gelegenheitsstruktur durch das Individuum als ein Element des Sinnzusammenhangs anerkannt wird. Damit sind Prozesse der Makroebene, die die Gelegenheitsstrukturen hervorbringen, mit den rationalen Kalkulationen der Mikroebene und ihrer Manifestation in individuellen Entscheidungs- und Lebensverläufen verknüpft. In ähnlicher Weise bezeichnet Hartmut Esser (1993: 94, 120) die Wahrnehmung der Situation durch den Akteur als „Logik der Situation", durch welche die Situation mit den Erwartungen und Bewertungen des Akteurs verknüpft wird. Diese dem Akteur durch den Wissenschaftler zugeschriebenen typisierten subjektiven Vorstellungen über die Situation dienen dabei als „Brückenhypothesen" für die Verbindung von Mikro- und Makroebene.

Es ist vor allem Nancy Brandon Tumas Konzept der unerwarteten Gewinne bzw. Verluste und dessen Weiterentwicklung durch Hans-Peter Blossfeld, das den Anforderungen der "dynamischen Integration" zu genügen scheint. Die Rationalität der individuellen Akteure wird in dieser Perspektive unter den Bedingungen struktureller Ungleichgewichte aufgrund sozialer Wandlungsprozesse nachvollzogen.

6 Geschlechtsspezifische Einflüsse

6.1 Die Wechselwirkung von Erwerbs- und Familienbiographie bei Frauen

Die Erwerbsverläufe von Frauen sind von denen der Männer zu unterscheiden. Die Neigung von Frauen, infolge von Ereignissen der Familienbiographie den Betrieb zu verlassen, führt zu einer Benachteiligung hinsichtlich der Beförderungen in internen Arbeitsmärkten (Carroll/Mayer 1986: 334). Die relative Angleichung der Lebensläufe von Frauen und Männern *vor* der Familiengründung, die sich in den letzten Jahrzehnten in der Bundesrepublik vollzogen hat, endet daher mit dem für Frauen häufig kritischen Lebensereignis der Geburt des ersten Kindes (Geissler 1994: 553). Mit dem Merkmal "Kind vorhanden" ist eine *doppelte* Ungleichheitsrelevanz verknüpft:

> "während der Ehe motiviert es die Partner dazu, den beruflichen Einsatz des Ehemannes und seine Qualifikationsentwicklung in den Vordergrund zu stellen, nach der Ehe beeinträchtigt es die Arbeitsmarkt-Verfügbarkeit der Frau" (Geissler 1994: 553).

Obwohl eine stabile Ehe in der Regel eine materielle Sicherung der Frau bedeutet, geht ihnen, wenn sie nach der Heirat oder mit der damit zeitlich eng verbundenen Geburt des ersten Kindes aus dem Erwerbsleben aussteigen, die Chance auf einen beruflichen Aufstieg verloren. Die Ehescheidung erzwingt dagegen häufig eine erneute Partizipation der zuvor ausgestiegenen Frauen am Erwerbssystem und setzt sie damit erneut dem Risiko eines der uns interessierenden Ereignisse aus, d.h. Auf- oder Abstiege relativ zu der zuvor eingenommenen beruflichen Stellung. Aufgrund der während der Unterbrechungsphasen stattfindenden Entwertung der Qualifikation bzw. des Humankapitals ist allerdings zu erwarten, daß der Wiedereinstieg der Frau in den Beruf nur in Ausnahmefällen mit einem Aufstieg einhergeht (Mincer/Ofek 1993: 152).

6.2 Das Merkmal Geschlecht als Brennpunkt verschiedener Ungleichheitsdimensionen

6.2.1 Geschlecht als Faktor des Humankapitalniveaus: Die Ehe- und Kinderbiographie von Frauen

Im Lichte der oben angeführten Theorien ergeben sich bezüglich des Geschlechtes interessante Überlegungen: Zum einen ist das Geschlecht aus der Sicht des Arbeitgebers sehr stark mit dem *Humankapital* konfundiert, da die Antizipation von Erwerbsunterbrechungen durch Schwangerschaft die Arbeitgeber dazu veranlaßt, weniger in die innerbetriebliche Weiterqualifikation der Frauen zu investieren. Analog dazu verläuft die Kalkulation vieler Frauen:

> Since job-related investment in human capital commands a return which is received at work, the shorter the expected and actual duration of work experience, the weaker the incentives to augment job skills over the life-cycle" (Mincer/Polachek 1993: 109).

Humankapitaltheoretisch betrachtet, beruht die "statistische Diskriminierung" insofern auf einer realistischen Annahme des Arbeitgebers, da faktisch ein großer Teil der erwerbstätigen Frauen schwangerschaftsbezogene Regelungen zur Beurlaubung und Arbeitserleichterung in Anspruch nimmt. Darüberhinaus nimmt der Wert ihrer Qualifikation im Verlauf der Unterbrechungsphasen ab bzw. fehlt ihnen die notwendige Zeit, durch "on-the-job"-Praxis bestimmte Fertigkeiten zu entwickeln (Hachen 1988: 95). Infolge von bestimmten Ereignissen in der Familienstandsbiographie - einer Heirat oder der Geburt des ersten Kindes - tendieren insbesondere deutsche Frauen darüberhinaus entweder zu einem *Ausstieg* aus dem Erwerbssystem oder zur Aufnahme einer Teilzeitbeschäftigung, da die steuerrechtlichen Regelungen einer Beibehaltung der Vollzeitbeschäftigung beider Ehepartner entgegenwirken (Drobnič/Wittig 1995: 387). Aus Sicht der Arbeitgeber erscheint eine Investition in die Qualifizierung von Frauen somit tendenziell unrentabler.

Das Geschlecht als Indikator für die individuellen Ressourcen, die eng an die vermutete Kontinuierlichkeit der Erwerbstätigkeit gekoppelt sind, entfaltet damit seinen Einfluß in der Sphäre des *Marktes*. Aus der innerfamiliären Perspektive entsprechen diesem Marktnachteil der Frau die nutzenmaximierenden Kalküle, die die Entscheidung der Ehepartner für die traditionelle Rollenaufteilung - dem Mann die Produktions-, der Frau die Reproduktionsarbeit -, determinieren. Gemäß der Spezialisierungshypothese der Familienökonomie (Kapitel 3.3) ist unter den Bedingungen der allgemein niedrigeren Entlohnung der Frauen auf dem Arbeitsmarkt und aufgrund ihrer im Verlauf der Sozialisation erworbenen Disposition für innerhäusliche Tätigkeiten diese Form der geschlechtsspezifischen Arbeitsteilung eher die Regel (Brüderl/Diekmann 1994: 57, Klein/Braun 1995: 59).

Andererseits folgt aus humankapitaltheoretischen Überlegungen, "daß ledige Frauen mit durchgehender Berufskarriere das gleiche Investitionsverhalten wie Männer aufweisen und folglich auch ungefähr das gleiche Einkommen erzielen" (Diekmann 1985: 12). So gesehen existiert kein eigenständiger Effekt des Merkmals "Frau". Frauen sind vielmehr eine in sich noch sehr heterogene Gruppe, von der die eigentlich humankapitalrelevanten, zu Benachteiligungen führenden Merkmale separiert werden müssen (vgl. dazu im folgenden Kapitel 6.4). Sowohl der Existenz von betreuungsbedürftigen Kindern als auch der Beginn einer ehelichen Lebensgemeinschaft dürfte eine entscheidende Bedeutung als Bestimmungsgrund des Humankapitals der Frau zukommen.

6.2.2 Sexistische Diskriminierung von Frauen auf dem Arbeitsmarkt

Zum zweiten ist das Geschlecht ein Merkmal, mit dem bestimmte Askriptionen verbunden sind. Eine direkte, "sexistische" Diskriminierung, so die Begriffswahl von Kreckel (1992: 249), liegt dann vor, wenn in der Konkurrenz um die Stellenbesetzung Männern bei gleicher Qualifikation der Vorzug gegeben wird und dieser Entscheidung die diffuse Vorstellung einer geringeren Leistungsfähigkeit der Frau zugrundeliegt. Hinsichtlich einer geringeren Entlohnung von Frauen bei identischer Humankapitalausstattung gilt nach der Diskriminierungshypothese:

> "Unternehmer mit einem 'taste for discrimination' handeln so, als ob die Lohnrate der Frauen $l_F(1+d_i)$ sei, wobei d_i der Diskriminierungskoeffizient des Unternehmens ist" (Diekmann 1985: 13).

Dieses von Gary S. Becker entwickelte Argument, welches sich auf eine Präferenzstruktur im Sinne von Werten oder Normen bezieht, steht dabei in Widerspruch zu seinem normalerweise explizit betonten Primat des ökonomisch-rationalen Handelns (Diekmann 1985: 15), indem es den Unternehmern andere Ziele unterstellt als einzig die Profitmaximierung (ebd.: 8). Analysen von derartigen Präferenzen können nur von der *Soziologie* - nicht jedoch von der Ökonomie - geleistet werden, da "die Ökonomie wenig oder gar nichts zur Erläuterung von Präferenzen beitragen kann" (von Zameck 1990: 142).

Selektive Diskriminierung ist die Kehrseite von Kreckels (1992: 83f) Konzept der selektiven Assoziation, das er aus dem Weberschen Standesbegriff herleitet und in der nicht-ökonomischen Sphäre der sozialen Beziehungsnetzwerke verortet. Der Übergang zu den rein ökonomisch motivierten Prozessen *sozialer Schließung* ist in diesem Fall jedoch sehr unscharf, da auch argumentiert werden könnte, daß das Motiv der diskriminierenden Männer in der Monopolisierung ökonomischer Chancen (Weber 1972: 201f) liege.

6.2.3 Geschlechtsspezifische Arbeitsmarktsegmentation

Drittens ist der Arbeitsmarkt darüberhinaus geschlechtsspezifisch segregiert (Hachen 1988: 94). Bereits während der Ausbildungs- und Berufswahl werden die entscheidenden Weichen für die weiteren Karrieren gestellt. Frauen interessieren sich für Berufe, in denen sie ihre während der frühen Sozialisation erworbenen Kompetenzen, die ein "weibliches Arbeitsvermögen" formen, umsetzen können. E. Beck-Gernsheim nennt dies die "Reproduktionsbezogenheit des weiblichen Arbeitsvermögens", der insbesondere helfende Tätigkeiten im Dienstleistungsbereich entsprechen (vgl. Blossfeld 1989: 40, Kreckel 1992: 260f). Analog zu diesen Dispositionen verläuft eine geschlechtsspezifische Segregation sowohl nach Branchen als auch nach Arbeitsplätzen innerhalb der "gemischten" Branchen. Frauen sind überdies mit außerordentlich hohem Anteil im schlecht bezahlten sekundären Arbeitsmarkt zu finden (Hachen 1988: 97, Kreckel 1992: 240f)[9]. Für die USA arbeitete Hachen (1988: 113) jedoch heraus, daß als Netto-Effekt insbesondere Männer in typischen Frauenberufen die besten Karrierechancen haben und Frauen ebenso eher in Frauenberufen als in Männerberufen aufsteigen. Diesen Befunden zufolge ist es daher weniger die Eigenart der Berufe, die die Karrierechancen beeinträchtigt, als bestimmte, in Hachens Analysen unbeobachtet gebliebene Korrelate mit dem Geschlecht, da auch innerhalb gleicher Berufe starke Geschlechterdifferenzen zutage treten.

6.2.4 Die Erwerbskarrieren von Frauen zwischen Marktkonkurrenz, sozialer Schließung und selektiver Assoziation

Die beiden letzten Punkte, die zu Karriereungleichheiten zwischen den Geschlechtern führen - die direkte sexistische Diskriminierung und der frauenspezifische Arbeitsmarkt -, sind Faktoren, die, analytisch betrachtet, weniger eng an das Humankapital gekoppelt sind, sondern entweder in der von Kreckel (1992: 84f) aus Webers Konzept der ständischen Vergemeinschaftung entwickelten Dimension der *selektiven Assoziation*, oder aber der *sozialen Schließung* verwurzelt sind. Gleich, ob ökonomisch oder lebensweltlich motiviert: Diese Schließungsprozesse nehmen aus der Sicht der Frauen die Gestalt *sozialer Strukturen* an, indem sie deren Opportunitäten beeinträchtigen. Unter Umständen wird in der Realität diese analytische Unterscheidung dadurch beeinträchtigt, daß die diffuse Zuschreibung einer geringeren Leistungsfähigkeit der Frauen mit der vermuteten Disposition der Frauen zur schwangerschaftsbedingten Unterbrechung verwoben sein kann.

---

[9] Eine gut begründete Erklärung der Ursachen dieser Segmentation und des kausalen Verhältnisses von weiblicher Disposition und geschlechtsspezifischer Segmentation bleibt Kreckel (1992: 246) eingestandenermaßen schuldig.

Darüberhinaus bleibt die Konzentration der Frauen auf bestimmte Berufskategorien oder Arbeitsmarktsegmente nicht ohne Folgen für deren Humankapital, weil ihnen damit bestimmte Möglichkeiten der Weiterbildung versperrt sind. Und schließlich könnte in der familiär bedingten Diskontinuität der weiblichen Erwerbstätigkeit ein Grund dafür liegen, daß Frauen häufiger im sekundären Arbeitsmarkt anzutreffen sind als Männer. Für die empirische Analyse muß die Unterscheidung zwischen weiblichen Eigenschaften, die humankapitalrelevant sind und Eigenschaften, die sich auf Prozesse selektiver Assoziation und sozialer Schließung beziehen, so weit wie möglich beibehalten werden, wie beispielsweise auch Mincer und Polachek (1993: 106) in Erwägung ziehen. Frauen, die betreuungsbedürftige Kinder haben, können, sofern sie diese Betreuungsarbeit selbst leisten, nicht gleichzeitig mit maximaler Produktivität am Erwerbsleben partizipieren. Eindeutig humankapitalrelevant ist daher vor allem die *Kinderbiographie* der Frau, da der spätestens nach dem realisierten Kinderwunsch entfachte Rollenkonflikt zwischen Familie und Engagement im Beruf in den meisten Fällen zu ungunsten des Berufs bewältigt wird. Geht man von einer nach wie vor üblichen Konzentration der Frau auf die innerhäusliche Reproduktionsarbeit aus, ist von der Heirat ein ähnlicher Effekt zu erwarten. Zusammenfassend läßt sich sagen: Die Kinder- und Ehebiographie beeinflußt in erheblichem Maße die Fähigkeit der Frau zur Marktkonkurrenz. Bleibt nach Kontrolle dieser eher humankapitalrelevanten Eigenschaften der Frau ein separater Einfluß des Geschlechtes übrig, betrifft er jene Frauen, die während der beobachteten Erwerbsepisode weder verheiratet sind noch Kinder zu betreuen haben und zumindest strukturell zu einem beruflichen Engagement in der Lage sind. Damit liefert ein eventuell negativer Nettoeffekt des Merkmals 'Frau' auf die Aufstiegsrate einen Hinweis auf Prozesse der sozialen Schließung, der direkten Diskriminierung oder aber der Wirksamkeit geschlechtsspezifischer Arbeitsmarktsegregation.

In seiner Analyse von Daten aus "Südwerk" untersuchte Brüderl (1991: 102) unter anderem den Einfluß des Geschlechts auf die Aufstiegsrate. Er unterteilte seine Stichprobe nach der Stufe des Ausgangsjobs in vier subsamples und erhielt für die mittleren beiden Stufen jeweils signifikant positive Parameter für Männer, auf der vierten und höchsten Stufe dagegen einen negativen Effekt mit einem t-Wert nahe Null. Aufgrund der höheren Wahrscheinlichkeit von Frauen, den Betrieb aus familiären Gründen zu verlassen, so Brüderls Argumentation, werden Frauen zwar bei Beförderungen benachteiligt, das heißt, die Produktivitätsschwelle, die sie überschreiten müssen, um für die Besetzung einer vakanten Position ausgewählt zu werden, ist wesentlich höher. Darum müssen sich tatsächlich beförderte Frauen häufig als produktiver erwiesen haben als vergleichbar qualifizierte Männer, wodurch mit steigendem Positionsniveau die Unterschiede zwischen den Geschlechtern verschwinden (ebd.: 103). Je höher das bereits erreichte Statusniveau der

Frauen ist, desto geringer fällt der geschlechterdiskriminierende Effekt aus. Plausibel erscheint eine derartige Interaktion vor dem Hintergrund steigender Opportunitätskosten, die eine Frau bei Austritt aus dem Erwerbssystem oder bei einer familiär bedingten Reduzierung ihres beruflichen Engagements auf sich nehmen muß, je höher ihre Bildungsressourcen und ihr Status bereits sind (Drobnič/Wittig 1995: 377).

Carroll und Mayer (1986: 334) fanden anhand von Surveydaten der Lebensverlaufsstudie signifikant positive Effekte für Aufstiege von Frauen. In der differenzierteren Betrachtung kamen diese Effekte in erster Linie durch zwischenbetriebliche Aufstiege zustande, wohingegen innerbetriebliche Wechsel einen nicht signifikanten negativen Effekt auf Aufstiege ergaben. Carroll und Mayer (ebd.) erklären diese Befunde damit, daß die Erwerbstätigkeit von Frauen allgemein wesentlich fluktuierender und instabiler ist. Infolgedessen finden *alle* Arten von Positionswechseln bei Frauen häufiger statt, sie werden jedoch innerhalb von Betrieben entweder bei Beförderungsentscheidungen übergangen oder befinden sich auf Positionen, die nur an sehr dürftige Karriereleitern gebunden sind. Unter Konstanthaltung verschiedener Typologien industrieller Sektoren erhielt Hachen (1988a: 51, 53) einen signifikant negativen Effekt für Frauen nur hinsichtlich innerbetrieblicher Aufstiege, was die Befunde Carroll und Mayer stützt. In ihrer Studie über den Einfluß der Klassenzugehörigkeit auf die Karrieremobilität (Mayer/Carroll 1987: 26) sind die Aufstiegsraten von Frauen in gleicher Weise uneinheitlich und insbesondere bei zwischenbetrieblichen Wechseln signifikant erhöht. Es ist offenbar ausschlaggebend, welche Art von Positionswechsel untersucht wird. Hier zeigt sich erneut die begrenzte Reichweite der Analysen Brüderls, die sich nur auf einen Betrieb konzentrieren, da die eventuell bessere Zielposition nach Betriebsausstieg der Frauen der innerbetrieblichen Perspektive notwendigerweise entgeht. Brüderl fand in "Südwerk" allerdings ebenfalls erhöhte Austrittsraten von *Männern* vor (1991: 196), muß jedoch an gleicher Stelle einräumen, daß es sich bei diesen Befunden um eine Besonderheit von "Südwerk" handeln kann (ebd.: 195). Eine Kontrolle der Familienbiographie der Frauen im Sinne einer zeitabhängigen Modellierung der Kindergeburten oder Eheschließungen fand in den in den Untersuchungen von Brüderl (1991) und Brüderl, Preisendörfer und Ziegler (1993) nicht statt. Wiederum anhand von Survey-Daten fand Thålin (1993: 100, 102) signifikant negative Effekte auf Aufstiege für Frauen in Schweden. Weder die Höhe der Ausgangsposition noch die Familienbiographie wurde von ihm jedoch kontrolliert.

6.3 Zusammenfassung und Schlußfolgerung

Es kann somit festgehalten werden, daß Hypothesen über den Verlauf der Karriereprozesse von Frauen unter Kontrolle der Art der Wechsel formuliert werden sollten (inner- oder überbetrieblich), wenn es die Datenlage zuläßt. Die Kinder- und Ehebiographie der Frauen muß aus humankapitaltheoretischer Perspektive darüberhinaus einen negativen Effekt auf Aufstiege haben und es stellt sich die Frage, inwiefern die Familienstands- bzw. Kinderbiographie der eigentlich kausal wirksame Faktor ist, von dem das bloße Merkmal "Frau" in einer Weise abstrahiert, die die *Heterogenität* dieser Gruppe hinsichtlich fundamental wichtiger Determinanten der Karriereprozesse unbeobachtet läßt. Es existieren noch andere, zumindest analytisch klar abgrenzbare Unterdimensionen des Merkmals Frau, von denen jede für sich Karrieren von Frauen beeinflussen kann: die sexistische Diskriminierung und der geschlechtsspezifisch segregierte Arbeitsmarkt. Empirisch problemlos umsetzbar ist in der vorliegenden Studie jedoch nur die Kinder- und Ehebiographie der Frauen. Auch Blossfeld und Rohwer fordern aus der Perspektive ihres "dynamischen Kausalansatzes", wie im folgenden Abschnitt erläutert wird, eine weitere, tiefergehende Aufklärung der Heterogenität innerhalb des Merkmals "Geschlecht".

6.4 Determinanten von Mobilitätsprozessen in der Perspektive des "Dynamischen Kausalansatzes"

Im Lichte des *"dynamischen Kausalansatzes"* von Hans-Peter Blossfeld und Götz Rohwer (1995, 1997) enthält die Differenzierung des separaten Geschlechtereffektes von den humankapitalrelevanten Variablen der Familienbiographie Implikationen von besonderem methodischen Interesse. Deren Kritik an der bisher noch dominierenden Analyse von Querschnittsdaten beruht auf einem sehr differenzierten Konzept von Kausalität. Kausalität definieren Blossfeld/Klijzing u.a. (1996: 33f) als eine *zeitlich fixierbare Veränderung eines Prozesses aufgrund der ebenfalls zeitlich fixierbaren Veränderung eines anderen Prozesses*. Eine kausale Analyse mittels *Quer*schnittsdaten geht somit immer mit einer rein theoretischen bis - im schlimmsten Fall - spekulativen Definition von Ursache und Wirkung einher. Welche der Variablen wirklich die Ursache und welche die Wirkung darstellt, kann dagegen in Analysen von Längsschnittdaten in der Regel eindeutig definiert werden: die Ursache geht der Wirkung zeitlich voran. Besteht aufgrund der Datenlage die Möglichkeit, dann sollte man sich bei kausalen Analysen auf jene Determinanten konzentrieren, die sich im Zeitverlauf ändern (d.h.: *Prozesse*) und die nach einem bestimmten "time lag" (Blossfeld/Klijzing u.a. 1996: 34,35f) zu Veränderungen in anderen Prozessen führen:

"Zum Beispiel sollte eine zeitkonstante Variable wie 'Geschlecht' idealerweise in einer empirischen Analyse durch sich im Lauf der Zeit ändernde Ereignisse, die zu geschlechtsspezifischen Unterschieden in der Lebensgeschichte von Männern und Frauen führen, ersetzt werden" (ebd.: 33).

Sowohl diese eindeutige Weise der kausalen Modellierung als auch die eindeutige Konkretisierung und Differenzierung von abstrakten Merkmalen wie Geschlecht (aber auch: "Kohorte") ermöglicht das Verfahren der Ereignisanalyse. Nur in der ereignisanalytischen Längsschnittperspektive können zeitveränderliche Kovariaten zur Operationalisierung von Niveauverschiebungen des Humankapitals infolge von familienbiographischen Ereignissen herangezogen werden. Zumindest ist dieser Humankapitalaspekt damit vom abstrakten Merkmal "Frau", welches dann theoretisch eine grundsätzlich andere Einflußform aufweisen könnte, getrennt. In ähnlicher Weise sollte hinsichtlich der auf der Makroebene wirksamen Einflußfaktoren, der Zeitreihen der ökonomischen und sozialen Entwicklung, berücksichtigt werden, daß sich zwischen dem empirischen Auftreten eines Makrophänomens und dessen Wirkung auf die Mobilitätsprozesse der Mikroebene ein "time lag" befindet. Beispielsweise bedeutet eine hohe Quote von Pensionären in einem Jahr, daß ein größerer Anteil an vakanten Positionen entsteht. Vermittelt über Vakanzketten innerhalb der "tight systems" (White 1970: 8), in denen eine Position für kurze Zeit durchaus unbesetzt sein kann, profitiert die Belegschaft, sofern sie Teil eines "tight systems" ist, nach Verstreichen einer bestimmten Zeit von diesem Pensionierungsschub.

7 Operationalisierung der Position innerhalb der vertikalen Ungleichheitsstruktur

7.1 Berufliche Stellungen und Tätigkeiten

Die uns im folgenden interessierende soziale Mobilität vollzieht sich zwischen Positionen in einer vertikalen Struktur sozialer Ungleichheit. Die Wertigkeit dieser Positionen wird aus den beruflichen Stellungen abgeleitet. Zwar erfassen die Informationen, die der beruflichen *Stellung* entnommen werden können, nicht die beruflichen *Tätigkeiten* in ihrer gesamten Differenziertheit, wie sie durch die ISCO-Codes abgebildet werden (Mayer 1979: 87). Dafür seien Skalen auf Grundlage beruflicher Stellungen, so Mayer (ebd.: 104), insofern bessere Indikatoren für die sozio-ökonomische Dimension sozialer Ungleichheit, als sie eine höhere Assoziation mit dem Bruttoeinkommen aufweisen[10]. Sie werden dann angewandt,

"wenn vornehmlich ökonomische, distributive Tatbestände erklärt, oder wenn mit Status als erklärender Variable Unterschiede in der Verteilung materieller Ressourcen gemessen werden sollten" (ebd.: 119) .

Deutlich würde dieser Sachverhalt bei einem Vergleich mit der *Prestige*skala von Treiman anhand der höheren Korrelationen mit den Variablen Einkommen und Bildung (ebd.: 112).

Status resultiert aus den beruflichen Stellungen, die sich wiederum aus rechtlich-institutionellen Definitionen ergeben. Die beruflichen Stellungen unterstellen immer eine vertikale Perspektive (ebd.: 103, Wegener 1988: 117), münden jedoch nicht in eine, sondern in fünf statusgruppenspezifische Hierarchien ein (Mayer 1979: 86, Wegener 1985: 213, Handl 1977: 106), die in sich jeweils relativ eindeutig sind. Beispielsweise verläuft die Ordnung innerhalb der Arbeiterhierarchie gemäß der Qualifikation und das Gratifikationsniveau angelernter Arbeiter ist in der Regel etwas höher als das der ungelernten. Dagegen verweisen die Tätigkeiten nach dem ISCO-Code auf die Art und Weise der konkreten Ausführung der Arbeit, die mit dem *Prestige* in Verbindung steht.

---

[10] Die Magnitude-Prestige Skala von Wegener (1985,1988) war zu diesem Zeitpunkt (1979) noch nicht entwickelt.

Tabelle 7.1.1: Scores metrischer Skalen des sozialen Prestiges bzw. sozio-ökonomischen Status aufgrund der Stellung im Beruf

Berufliche Stellung	Wegener (aggregiert)	Treiman (aggregiert)	Handl (1977)	Mayer (1977)	Tegtmeyer (soz-ök. Status)	Tegtmeyer (Prestige)
Akademische freie Berufe[a]	122,230	64,330	356,6	288,5	41,963	49,097
Selbständige[a]						
- 1 Mitarb.	68,615	43,686	157	132	23,8	32,5
2-9 Mitarb.	65,478	43,798	216	162	60,1	66,8
10 + Mitarb.	81,480	51,980	284	208	74,4	81,3
Beamte						
einfache	58,478	37,847	73	99	-15,9	6,6
mittlere	65,638	43,372	122	152	29,5	33,4
gehobene	89,129	54,433	279	215	75,4	62,4
höhere	116,679	61,606	344	278	91,2	94,3
Angestellte						
Werkmeister	54,988	41,556	124	141	29,2	28,4
einf. Tätigk.	49,877	36,211	90	126	-19,5	-2,3
schw. Aufg.	64,977	44,232	152	166	27,6	26,2
selbst. Leistung.	85,627	50,866	270	206	65,7	57,4
Führungsaufg.	101,956	54,445	310	247	79,2	85,6
Arbeiter						
Ungelernte	32,733	27,441	23	32	-58,4	-48,9
Angelernte	38,492	31,880	35	65	-36,2	-30,1
Facharbeiter	44,799	36,665	56	92	-1,0	-2,3
Vorarbeiter	44,641	36,558	70	101	9,2	8,1
Meister/ Poliere	48,818	38,475	99	125	29,9	28,4

a) Aufgrund der differenzierteren Erfassung im kumulierten ALLBUS 80-96 jeweils die nach ihrem prozentualen Anteil gewichteten Mittelwerte. Das ergibt beispielsweise bei den Selbständigen für die beiden höheren Kategorien des ALLBUS (10-49 u. ab 50 Mitarbeiter), die im Familiensurvey zu einer Kategorie (10 und mehr Mitarbeiter) zusammengefaßt sind: (80,7%*79,159+19,3%*91,182)/100=81,48 auf der aggregierten Wegener-MPS-Skala. In gleicher Weise wurde mit den freien Berufen verfahren.

Im Zuge der 1971 durchgeführten Mikrozensus- Zusatzerhebung, deren Klassifikation beruflicher Stellungen fast vollständig im Familiensurvey 1988 übernommen wurde, entstanden Versuche, diese Klassifikation zum Zwecke der auf parametrischen Koeffizienten basierenden Statuszuweisungs- und Mobilitätsforschung in eine vertikale Metrik zu transformieren (Handl 1977, Mayer 1977, Tegtmeyer 1979a, 1979b, vgl. Wolf 1995: 114 und Tabelle 7.1.1). Abgesehen von Tegtmeyers Skalen wurden diese Transformationen allerdings nur für männliche Erwerbstätige durchgeführt.

Handl (ebd.: 105, 123) errechnete mittels multivariater Kontingenzanalysen Statusscores aufgrund von Korrelationen mit den Variablen Bildung, Einkommen und Hausbesitz. Die Berechnungen von Mayer (1979: 111) ergaben, daß Handls Skala aufgrund der höchsten Korrelation mit dem Einkommen am geeignetsten sei, um die sozio-ökonomische Dimension des sozialen Status abzubilden (vgl. unten).

Mayer selbst (1977) entwickelte eine Skala auf Basis beruflicher Stellungen, die anhand von Heiratsbeziehungen Rangordnungen und Distanzen abbildet, die sich aus der Interaktionsdichte außerhalb der Erwerbssphäre herleiten. Zu beachten ist bei der Skala Mayers, daß bei ihrer Konstruktion nicht die berufliche Stellung der Frauen berücksichtigt wurde, sondern die ihrer Väter (Wegener 1988: 168; Mayer 1977: 174). Diese Skala ist daher, wie auch die Skala Handls, genau genommen nicht auf berufstätige Frauen anwendbar - Frauen ererben keineswegs zwangsläufig die beruflichen Stellungen ihrer Väter (Handl 1978: 6f). Unklar bleibt überdies, ob die Skala Status oder Prestige mißt. Mayer (1979: 214f) selbst spricht von Status, Wolf (1995: 111) dagegen von Prestige, was insofern zunächst angemessener erscheint, als Mayers Skala auf der *Erwünschtheit von Interaktionen* und nicht auf der Verteilung objektiver Statusmerkmale basiert. Interaktionspräferenzen sind Ausdruck von Prozessen selektiver Assoziation oder "ständischer" Vergemeinschaftung und die ihr zugrundeliegende "Wahrnehmung von Binnenstandpunkt einer sozialen Gruppe aus" (Wegener 1985: 228) ist damit konstitutiv für das Konstrukt des sozialen Prestiges. Allerdings bezieht sich Mayers Interaktionsskala auf die *objektiv* hierarchisch festgelegten *beruflichen Stellungen* - nicht auf die Tätigkeiten - und spiegelt somit weniger die durch "irgendeine gemeinsame Eigenschaft vieler" (Weber 1972: 534) gruppenspezifisch konstruierte Ehre wieder. Wahrscheinlich liegt darin der Grund, weshalb auch Wegener (1985: 222) sie als Statusskala bezeichnet.

Tegtmeyer (1979a, 1979b) entwickelte einen objektiven (Status) und einen subjektiven Schichtungsindex (Prestige). Beide Skalen basieren auf Auswertungen von aggregierten Kreuztabellen, indem jeweils der prozentuale Anteil in jeder beruflichen Stellung, der ober- oder unterhalb einer bestimmten Schwelle lag, verrechnet wurde (Tegtmeyer 1979b: 83). Bei der sozio-ökonomischen Statusskala ergab sich diese Schwelle aufgrund des Bildungs- und Einkommensniveaus (1979a: 58-61), während sie bei der Prestigeskala anhand von Paarvergleichen der eigenen beruflichen Stellung mit der des Vaters gebildet wurde, denen eine subjektive Beurteilung der eigenen Mobilitätserfahrung zugrunde lag (1979b: 83).

Eine andere Herangehensweise bei der Skalenbildung auf Grundlage der Stellung im Beruf besteht in dem Versuch, anhand eines Datensatzes (ALLBUS), in dem neben den beruflichen Stellungen auch die Tätigkeiten nach ISCO kodiert sind, die auf den Tätigkeiten basierenden *Prestige*skalen über die beruflichen Stellungen hinweg zu aggregieren (Wolf 1995: 115). Mayer (1979: 105) errechnete anhand von Daten des ZUMABUS 1976 für jede Kategorie der beruflichen Stellungen den durchschnittlichen Prestigescore nach Treiman und kommt auf diese Weise zu einem Meßinstrument, das er die "aggregierte Treiman-Skala" nennt (ebd.: Anm. 32a; Wegener 1985: 225, 1988: 170). Vorteilhaft ist die Geschlechtsneutralität der von Treiman entwickelten Prestige-Skala (Handl 1978: 4; Treiman/Terrell 1975: 176). Der Nachteil dieses Vorgehens wird offenbar, wenn man bedenkt, daß sich die ursprünglichen Ziele der Operationalisierung des sozialen Positionsniveaus unterscheiden. So differenziert Wegener (1988: 119) zwischen Prestige- und Statusskalen, die seiner Meinung nach jeweils unterschiedliche Konstrukte abbilden und denen unterschiedliche Skalierungsmethoden zugrundeliegen. Sozialer Status ergibt sich Wegener zufolge aus der Stellung im Beruf und wird über *Index*-[11] (Handl) oder *Interaktions*skalierungen (Mayer) operationalisiert, wohingegen das Prestige, ermittelt aus Bewertungen beruflicher Tätigkeiten, einer *Reputations*skalierung (Treiman) gleichkommt (Wegener 1985: 211, 222). Auch wenn zunächst der Unterschied zwischen Status und Prestige kaum ausgemacht werden kann (Wegener 1985: 210, 228f), wird anhand der Korrelationen der Skalen untereinander zumindest deutlich, so Mayer (1979: 109), daß

"die Berufsprestigeskala von Treiman einen überwiegenden Anteil an Information enthält, die durch die sozio-ökonomische Gliederung nicht erfaßt werden".

Kurzum: eine Aggregation der Treiman-Skala über die beruflichen Stellungen hinweg ist problematisch, weil mit diesem Vorgehen zwei - trotz hoher Korrelation - eindeutig abgrenzbare Konstrukte miteinander konfundiert werden (vgl. auch Wegener 1988: 170; 1985: 226, Anm. 22). Es gilt somit im Vorfeld der Analysen zu entscheiden, innerhalb welcher sozialen Ordnungsdimension - in einer sozio-ökonomischen Ordnung oder einer Ordnung der Reputation - die Mobilitätsprozesse verlaufen.

Aufgrund der Datenlage im Familiensurvey 1988 wird die Entscheidung zwischen Status und Prestige erleichtert, da ohnehin nur die berufliche Stellung erfragt wurde, und Wegeners (1988: 170f) Kritik an der Methode der Skalenaggregation ernst genommen werden sollte[12]. Bei der Entscheidung für die eine oder andere Skala müssen die jeweiligen Vor- und Nachteile abgewogen werden. Für eine Verwendung der Skalen des sozio-ökonomischen Status von Tegtmeyer (1979a) und insbesondere von Handl (1977), dessen Skala als Indexskalierung anhand objektiver Merkmale (Bildung, Einkommen und Hausbesitz) "eine gewisse Verbindlichkeit beanspruchen" kann (Wegener 1988: 168), spricht die Tatsache, daß die folgenden Analysen von *Prozessen sozialer Ungleichheit*, der intragenerationalen Statusmobilität, einer Orientierung an einem klaren Erkenntnisinteresse folgen. Anhand der aus der Stellung im Beruf abgeleiteten Statusskalen ist nämlich am

---

[11] Unter Indexskalierung versteht Wegener (1985: 211) "die Selektion von metrischen Attributen sozialer Positionen (..), durch die Inhaber dieser Positionen charakterisiert und quantifiziert werden". Beispielsweise stellen das Bildungsniveau gemessen in mindestnotwendigen Schuljahren und das Nettoeinkommen einer Person derartige metrische Attribute dar.

[12] Diesen Einwand gegen eine Aggregation relativiert dagegen der im Verhältnis zu Wegener (1988: 170f) erkenntnisoptimistischere Wolf (1995: 116).

ehesten die Möglichkeit einer "Rückübersetzung" der durch die Position im Erwerbsleben abstrahierten Hauptaspekte sozialer Ungleichheit - Bildung und insbesondere Einkommen - gegeben.

Gegen eine Verwendung der sozio-ökonomischen Statusskala von Handl spricht aber, daß sie nur für männliche Erwerbstätige konzipiert wurde und eine Berücksichtigung von erwerbstätigen Frauen für bestimmte berufliche Stellungen andere MAC1-Scores (Handl 1977: 126) ergeben hätte. In diese Richtung weist jedenfalls die Kritik von Handl an der Skala des sozio-ökonomischen Status von Tegtmeyer (1979a). Tegtmeyer konstruierte diese Skala zwar unter Berücksichtigung weiblicher Erwerbstätiger und beansprucht ihre Gültigkeit für beide Geschlechter, unterliegt dabei jedoch der Gefahr von geschlechtsspezifischen Verzerrungen (Handl 1978: 12):

> "Da aber - wie man zeigen kann - die Einkommens- und Bildungsverteilungen von Männern und Frauen in derselben Berufsgruppe unterschiedlich ist, und Frauen zudem in bestimmten Berufskategorien konzentriert sind, wird in der gewonnenen Rangfolge der Berufskategorien auch die zufällige Geschlechtsproportion der Erwerbstätigen in den einzelnen Berufsgruppen berücksichtigt. Das bedeutet aber, daß Berufsgruppen, in denen Frauen überproportional vertreten sind, einen geringeren Statusscore erhalten, als dies bei Berücksichtigung allein der männlichen Erwerbstätigen der Fall gewesen wäre" (Handl 1978: 9).

Handl sieht diese Probleme überwunden, wenn anstelle der *Status*skala eine *Prestige*skala zugrunde gelegt wird (ebd.: 4), da eine aus dem Prestige von Tätigkeiten abgeleitete Hierarchie geschlechtsunabhängig ist (vgl. auch Treiman/Terrell 1975: 176). Da, wie bereits ausgeführt, eine Konfundierung von beruflichen Stellungen und beruflichen Tätigkeiten durch Aggregierung nicht empfehlenswert ist, bleiben aufgrund der bisherigen Überlegungen nur die Möglichkeiten, entweder die geschlechtsneutrale Prestigeskala von Tegtmeyer (1979b) zu verwenden und damit von sozialer Ungleichheit als einem aus "harten" Daten abgeleiteten Konstrukt (Bildung, Einkommen) abzurücken und sich auf "weiche" Daten (Schleth 1989: 43) subjektiver Beurteilungen zu beschränken. Dann wäre genau genommen nicht mehr *Status*mobilität Gegenstand der folgenden Analysen. Es stellt sich allerdings die Frage, inwieweit die Bezeichnung "Prestige" für das durch Tegtmeyers Prestigeskala gemessene Konstrukt überhaupt sinnvoll ist, wenn die ursprüngliche Maßeinheit, die berufliche Stellung, eindeutig statusbezogen ist. Andernfalls, bei Verwendung von Tegtmeyers Statusskala, könnte der Geschlechter-Bias der Positionen zu verzerrten Ergebnissen führen, wie Handl gezeigt hat.

Anhand der Tabelle 7.1.2[13] wird die Problematik einer Herleitung von Prestige aus den zumeist arbeits- und tarifrechtlich hierarchisch fixierten beruflichen Stellungen verdeutlicht. Die Tabelle zeigt sehr hohe (personenbezogene) Korrelationen insbesondere zwischen den vier Skalen, die ursprünglich direkt für die beruflichen Stellungen konzipiert wurden. Am schwächsten ist in dieser Gruppe (Tabelle 7.1.2, schraffierte Felder unten) der Zusammenhang zwischen Mayers Interaktionsskala und Tegtmeyers Skala des sozio-ökonomischen Status mit einem Pearsons r von immerhin noch 0,9105. Tegtmeyers Skalen sind mit r = 0,9822 deckungsgleich und in ähnlicher Weise (r = 0,9665) liegen Mayer und Handl dicht beieinander.

Erwartungsgemäß ist der relativ geringe Zusammenhang zwischen den Prestigeskalen von Wegener und Treiman mit ihren jeweils aggregierten Werten, da ihnen unterschiedliche Differenzierungsniveaus zugrundeliegen. Bei der Skala Treimans sind dies nur 0,6617, bei der Magnitude-Prestigeskala von Wegener 0,7114. Mayer (1979: 111), der hinsichtlich der Treiman-Skala zu einem ähnlichen Befund kam, interpretiert dies als Hinweis auf eine Messung unterschiedlicher inhaltlicher Dimensionen und unterscheidet daraufhin zwischen Status und Prestige.

Wiederum recht hoch sind dagegen die Korrelationen zwischen den beiden *aggregierten* Prestigeskalen (Wegener und Treiman) und den direkt für berufliche Stellungen konzipierten Skalen. Als einziger Wert liegt hier die Korrelation zwischen Wegener (aggregiert) und Tegtmeyer (Status) mit 0,8873 deutlich unter 0,9, wohingegen die aggregierte Treiman-Skala mit Mayer mit r = 0,9808 korreliert.

Diese Ergebnisse decken sich insgesamt nahezu vollständig mit den Berechnungen von Wolf (1995: 115), dessen Stichprobe allerdings von der hier verwendeten etwas abweicht, und stehen zumindest nicht in Widerspruch zu den Berechnungen von Mayer (1979: 110-112), die er mit 688 erwerbstätigen Männern des ZUMABUS 1976 durchführte. In diesen bekanntermaßen hohen Korrelationen der Skalen untereinander (Wolf 1995: 116, Kreckel 1992: 88) und der somit erwiesenen "interchangeability of indicators" (Mayer 1979: 111) sieht Mayer zwar einerseits eine gute externe Konsistenzprüfung der Meßinstrumente, muß aber zu-

---

[13] Bei den vorliegenden Berechnungen wurde zum einen der ALLBUS bis zur Erhebung 1996 kumuliert, zum anderen jene Fälle, die bei einer der verwendeten Variablen fehlenden Werte haben, permanent ausgeklammert. Um die Zahl der aufgrund fehlender Werte unbrauchbaren Fälle möglichst gering zu halten, wurde bei der Einkommensvariablen für jene Befragte, die die *offene* Abfrage nach dem Nettoeinkommen verweigerten, der Mittelwert der Einkommenskategorien laut *Listenabfrage* zugewiesen. Ebenso wie bei Wolf (1995: 119) wurden Vollzeiterwerbstätige Frauen und Männer berücksichtigt. Ausgeklammert wurden Befragte, die Landwirte, mithelfende Familienangehörige, Praktikanten oder Volontäre waren oder Wehr-Zivildienst, Haushaltsjahr, praktisches Jahr oder soziales Jahr ableisteten.

gleich einräumen, daß eine derartige Konsistenz bedeuten könnte, daß die Skalen[14] eventuell gerade *nicht* hinsichtlich unterschiedlicher Ungleichheitsdimensionen diskriminieren[15].

Tabelle 7.1.2: Korrelationen der Skalen untereinander und der Skalen mit dem (logarithmierten) Nettoeinkommen bzw. dem allgemeinen Schulabschluß[a].

	Tegtmeyer (Prestige)	Tegtmeyer r (Status)	Treiman	Treiman (aggr.)	Wegener	Wegener (aggr.)	Mayer	Bildung in Jahren	logarithm. Eink.
Tegtmeyer Prest.)								0,5299	0,4915
Tegtmeyer (Status)	0,9822							0,5290	0,4897
Treiman	0,6132	0,6111						0,5705	0,4191
Treiman (aggr.)	0,9277	0,9244	0,6617					0,6054	0,4710
Wegener	0,6463	0,6309	0,8630	0,7022				0,6142	0,4431
Wegener (aggr.)	0,9088	0,8873	0,6531	0,9870	0,7114			0,6102	0,4642
Mayer	0,9285	0,9105	0,6490	0,9808	0,6932	0,9744		0,5916	0,4428
Handl	0,9387	0,9261	0,6421	0,9705	0,6943	0,9762	0,9665	0,5935	0,4789

N=8147
[a] Pearsons' r ist jeweils höchst signifikant (p ≤ 0.001)
Quelle: Eigene Berechnungen mit dem kumulierten ALLBUS 80-96

7.2 Externe Validierung der Statusskala

Auf einen wichtigen Unterschied zwischen Mayers Ergebnissen und den hier durchgeführten Berechnungen muß darum hingewiesen werden: Bezüglich der Korrelationen mit dem Einkommen (hier: das logarithmierte Nettoeinkommen[16]

---

[14] Mayer untersuchte folgende Skalen: Handl, Mayer, Treiman, Treiman aggregiert

[15] Die tautologische Sackgasse bei der Validierung von Meßinstrumenten mittels externer Kriterien, in die sich Mayer hier begeben hat, faßt Wegener präzise in einem Satz zusammen: "Es gibt häufig keine hinreichend genau gemessene Kriteriumsvariable für die Validierung einer Messung, und sofern es sie doch gibt, ist fraglich, worin eigentlich der Anlaß für die neue Messung besteht" (zit. nach: Schnell et. al. 1993: 165)

[16] Da die Einkommensverteilungen in der Regel rechtsschief sind, hat sich die Verwendung logarithmierter Werte durchgesetzt. Durch diese Transformation werden größere Einkommenswerte zusammengezogen, so daß eine symmetrische Verteilung resultiert, die eine Voraussetzung für gültige Ergebnisse in OLS-Regressionen darstellt (Blossfeld 1988: 413, Diekmann 1985: 56). Darüberhinaus hat die Logarithmierung der Einkommenswerte eine Reduzierung der Ausreißereffekte zur Folge (Szydlik 1991: 255), weshalb Ausreißer nicht aus den Berechnungen ausgeschlossen werden brauchten. Als externe Kriteriumsvariable zur Validierung der Skala wäre das *Brutto*einkommen der Befragten natürlich geeigneter gewesen, weil hier der "Wert" der Positionen von Interesse ist und weniger die mit den spezifischen (familiären) Lebensumständen einhergehende Lebenslage. Diese Variable ist jedoch in den verwendeten ALLBUS-Erhebungen nicht vorhanden.

der Befragten), der wichtigsten externen Kriteriumsvariable für die materielle Dimension des Statuskonstrukts, kann die Differenzierung zwischen Status und Prestige aufgrund der im Verhältnis zu den Prestigeskalen höheren Korrelation der Statusskalen mit dem Nettoeinkommen nicht repliziert werden. Nicht Handls *Status*skala (r = 0,4789), sondern die (zumindest sogenannte) *Prestige*skala von Tegtmeyer (r = 0,4915) weist in Tabelle 7.1.2 verglichen mit allen anderen Skalen die höchste Korrelation mit dem Einkommen auf. Dagegen ist der Unterschied zwischen Handl und Treiman (aggregiert) (r = 0,4710) im Gegensatz zu Mayers Befunden eher unbedeutend. Ebensowenig korreliert Handls Skala mit der allgemeinen Schulbildung nicht stärker als (beide) Treiman-Skalen, sondern schwächer. Tegtmeyers Prestigeskala, obgleich die höchste Korrelation mit dem Einkommen, weist jedoch den zweitschwächsten Zusammenhang mit der allgemeinen Schulbildung auf.

Festzuhalten ist, daß bei der Wahl eines Meßinstrumentes für die Wertigkeit von Positionen in einer vertikalen Struktur sozialer Ungleichheit theoretisch wie empirisch die Prestigeskala von Tegtmeyer den anderen Skalen vorzuziehen ist, wenn die beruflichen Stellungen die verfügbare Informationsgrundlage bilden. Theoretisch darum, weil sie zum einen ebenfalls die Position weiblicher Erwerbstätiger abbildet, zum anderen, weil sie als Prestigeskala anhand der subjektiven Bewertung von intragenerationalen Mobilitätsprozessen konzipiert wurde (Tegtmeyer 1979b: 85) und damit das Prestige einer Position, im Gegensatz zum sozio-ökonomischen Status, frei vom Geschlechter-Bias ist. Empirisch läßt sich ihre Validität hinsichtlich der materiellen Dimension des Statuskonstrukts anhand des externen Kriteriums "Einkommen" am besten belegen. Es scheint sich im Falle der Prestigeskala von Tegtmeyer die bereits in ihrer Konzeption angelegte "Zwitterposition" - Skalierung von *Prestige* anhand der eher *status*bezogenen beruflichen Stellungen und nicht der Tätigkeiten - auszuwirken, indem sie als Prestigeskala den besten Indikator für die wichtigste Statusdimension, das Nettoeinkommen, darstellt. Der theoretische Hintergrund der Skalenkonstruktion, d.h. der Sachverhalt, ob subjektive Urteile (Prestige) oder externe Kriterien (wie bspw. das Einkommen) die vertikale Plazierung einer Position messen, ist weniger entscheidend für die inhaltliche Dimension der Skala als die ihr zugrunde liegende Primärklassifikation, das heißt, ob es sich dabei um die berufliche Stellung oder die Tätigkeit nach ISCO handelt. Wolfs (1995: 110) Bezeichnung der Skala Mayers als "Berufsprestigeskala" ist daher ebenso unglücklich gewählt, wie bei Tegtmeyers Prestigeskala (1979b), der das durch seine Skala gemessene Konstrukt ebenfalls "Berufsprestige" nennt. Das Problem der Auswahl der Skala sollte insgesamt aber nicht überbewertet werden. Carroll und Mayer (1986: 332) weisen in ihren Analysen explizit darauf hin, daß die Verwendung der Treiman- anstelle der Wegener- Prestigeskala keine wirklichen Unterschiede der Parameter zufolge hatte. Angesichts der hohen

Korrelationen der Skalen (vgl. Tabelle 7.1.2) ist Ähnliches auch für die folgenden Skalen zu erwarten.

Schließlich ist zu betonen, daß es sich bei den folgenden Analysen nur um approximative Modelle der Karriereprozesse handeln kann, da sie zwar die Mobilität innerhalb der vertikalen Ungleichheitsstruktur abbilden, nicht aber die Größe des Statuszuwachses berücksichtigen (Sørensen 1984: 93). Die Definition des Aufstiegsereignisses anhand eines bestimmten Zuwachs*niveaus* an Status- oder Prestige, beispielsweise 20% (Blossfeld/Rohwer 1995: 76, 95, Anm. 16), ist darüberhinaus mit keiner der Skalen Tegtmeyers möglich, da es sich bei diesen Skalen nicht um *Ratioskalen*, sondern nur um *Intervallskalen* handelt. Darum ist ein Aufstiegsereignis definiert als eine Position n+1 mit höherem "Prestige" nach Tegtmeyer als die vorhergehende Position n.

8 Daten und Methoden

Die empirische Analyse hat drei grundlegende Strukturierungsmechanismen sozialer Ungleichheit und deren Einfluß auf die intragenerationale Statusmobilität zum Gegenstand. Diesbezüglich wurden in den theoretischen Abschnitten die Konzepte der individuellen Ressourcen, der sozialen Schließung und der Verfügbarkeit vakanter Positionen hergeleitet. Idealerweise stellt die Lebensverlaufsstudie des MPIBB eine Datengrundlage bereit, in der sämtliche relevanten Informationen der Erwerbsbiographie der befragten Personen enthalten sind. Da jedoch die Erhebung auf die Geburtskohorten 1929-31, 1940-41 und 1950-51 beschränkt wurde, ergaben sich bei der Auswertung folgende Probleme: Erstens bedeutet die geringe Anzahl von Kohorten in der Stichprobe eine geringe Varianz in der quantitativen Stärke der Geburtsjahrgänge. Easterlin (1980) zufolge ist die Stärke des Geburtsjahrganges aber ein wesentlicher struktureller Einflußfaktor auf die individuellen Karrieren. Seine Hypothese kann darum anhand der Lebensverlaufsstudie kaum überprüft werden. Zweitens erfolgte der Eintritt in das Erwerbssystem der in der Lebensverlaufsstudie des MPIBB erhobenen Geburtskohorten zu einem großen Teil *vor* 1950. Einige wichtige Zeitreihen der sozialen, demographischen und ökonomischen Entwicklung liegen jedoch erst seit 1950 vor und von dem Verfahren der Extrapolation (vgl. Kapitel 8.2) wurde hier abgesehen. Die Einflüsse der makro-strukturellen Faktoren wurden darum anhand der Daten des Familiensurvey 1988 ermittelt. Der Familiensurvey enthält allerdings im Gegensatz zur Lebensverlaufsstudie des MPIBB keine Informationen über den Arbeitsplatz, den Betrieb und die Art der Wechsel (inner- oder überbetrieblich). Somit mußte die Lebensverlaufsstudie herangezogen werden, um den Einfluß der sozialen Schließung zu modellieren. Beide Datensätze ermöglichten aber eine Berücksichtigung der Variablen der Ehe-, Kinder- und Ausbildungsbiographie.

8.1 Erstellung der Episodendatei aus dem Familiensurvey 1988

Der von Deutschen Jugendinstitut im September 1988 erhobene Familiensurvey bezieht sich auf Deutsche im damaligen Bundesgebiet, die zum Ziehungszeitpunkt zwischen 18 und 55 Jahren alt waren. Realisiert wurden insgesamt 10043 auswertbare Interviews (Alt 1991: 502). Relevant für die folgenden Analysen sind die retrospektiven Angaben der Ausbildungs-, Ehe-, Kinder- und Erwerbsbiographie mit monatsgenauen Angaben. Eine Ausnahme stellt die nur jahresgenaue Erfassung des Eheendes durch Scheidung, Trennung oder Verwitwung dar. Für die folgenden Analysen wurden die mithelfenden Familienangehörigen, die Landwirte, soziales Jahr, Haushaltsjahr, Wehr- und Zivildienst ableistende Befragte und Praktikanten und Volontäre aus dem Datensatz permanent ausgeklammert.

Jede Berufsbiographie enthält im Familiensurvey maximal *drei Episoden* mit monatsgenauen Angaben der Start- und Endzeitpunkte und Angaben der jeweiligen *beruflichen Stellung*, deren Wechsel die Veränderung der uns interessierenden "Zustandsraum-Variablen" (Diekmann 1984: 34) indiziert. Diese Statusepisoden - einzelne Arbeitsstellen wurden im Familiensurvey nicht erhoben - spiegeln den Berufsverlauf vom Einstieg in die Erwerbstätigkeit über die erste, zweite und dritte bzw. letzte Veränderung der beruflichen Stellung wieder. Ferienjob oder Lehre wurde von der Erwerbstätigkeit ausgenommen. Bei 6564 in den Auswertungen verbliebenen *Personen* ergab sich eine Gesamtzahl von 8752 Status*episoden*. Diese unterteilen sich in 2185 Aufstiege, 579 Abstiege und 5988 Rechtszensierungen. Machte eine Person zwar gültige Jahresangaben, jedoch fehlende Monatsangaben, wurde der Monat Juni eingesetzt.

Als sehr problematisch erwies sich die Verknüpfung der jeweiligen Erwerbsepisode mit den Wechseln der Wochenarbeitszeit. Zwar fiel deren erste Nennung mit dem Beginn der Erwerbstätigkeit notwendigerweise zusammen, jedoch wurde im folgenden ebenfalls die erste, zweite und dritte bzw. letzte Veränderung von mindestens zehn Stunden registriert. Daher kann eine Person ihre Wochenarbeitszeit bereits dreimal verändert haben, während sie noch ihre erste beruflich Stellung innehatte. Über die Wochenarbeitszeit der folgenden Erwerbsepisoden liegen unter diesen Umständen keine Informationen mehr vor. Das bedeutet darüberhinaus, daß Wechsel der Wochenarbeitszeit nicht zwangsläufig zeitgleich mit Wechseln der beruflichen Stellung verlaufen, daß die Wochenarbeitszeit somit nicht jeder Episode eindeutig zugewiesen werden kann. Aus diesem Grund wurde die Wochenarbeitszeit in den Auswertungen des Familiensurvey 1988 nicht kontrolliert.

Hatte eine Person Unterbrechungen ihrer Erwerbstätigkeit erfahren, wurden diese Unterbrechungsdauern, soweit dies möglich war, von der *Berufserfahrung* abgezogen[17]. Die Berufserfahrung ist somit als die zu Beginn einer Episode (Sørensen/Tuma 1981: 80) bereits im Erwerbssystem verbrachte Zeit operationalisiert und spiegelt - wie beispielsweise auch die Anzahl vorhergehenden Episoden - die Vorgeschichte einer Person wieder. Befand sich eine Person in einer der ausgeklammerten Positionen (z.B. Volontäre), so ging diese Zeit dennoch vollständig in die Berechnung der Berufserfahrung ein.

Der erste *allgemeine Schulabschluß* wurde in einem ersten Schritt kodiert als die für den jeweiligen Abschluß mindestnotwendige Anzahl von Schuljahren (Tabelle 8.1.1). In einem zweiten Schritt wurde zum Endzeitpunkt einer jeden weiteren Ausbildung ein Episodensplitting durchgeführt und die Anzahl der mindestnotwendigen Ausbildungsjahre überschrieben, wenn diese Ausbildungen tatsächlich zu einem Abschluß geführt haben. Dieses Vorgehen führte zur zeitabhängigen Kodierung der Ausbildungsabschlüsse nach Tabelle 8.1.1.

Die Einbeziehung der kompletten *Ehebiographie*, die nach Möglichkeit zeitabhängig den jeweiligen Familienstand der befragten Person anzeigen sollte, ermöglichte ebenfalls ein Episodensplitting zu Beginn und Ende einer Ehe. Der Grund für das Ende der Ehe war dabei nicht von Bedeutung. Weil das Eheende nur jahresgenau erfaßt wurde, mußte, wie auch insgesamt bei fehlenden Monatsangaben, als Jahresmitte der sechste Monat eingesetzt werden. Erwerbsepisoden von Personen mit inkonsistenten Angaben in der Ehebiographie wurden vollständig aus dem Datensatz entfernt.

---

[17] Dasselbe Problem wie bei der Wochenarbeitszeit liegt auch hinsichtlich der Unterbrechungsdauern vor. Bei Fällen, die mehr als die vier angebbaren Unterbrechungen aufwiesen oder mehr als drei Veränderungen der beruflichen Stellung erlebten, konnte im Gegensatz zur Lebensverlaufsstudie die Berufserfahrung nicht mehr genau errechnet werden. Daher kann auch die Berufserfahrung im Rahmen des Episodensplittings nicht zeitgenau gemessen werden.

Tabelle 8.1.1: Messung der Bildungsvariable in Ausbildungsjahren: Der Familiensurvey 1988

Anzahl der Jahre	Abschlüsse
8	kein Hauptschulabschluß und keine Ausbildung
9	Hauptschule ohne Ausbildung oder kein allgemeiner Schulabschluß mit Ausbildung
10	Mittlere Reife ohne Ausbildung
11	Hauptschule mit Ausbildung
12	Mittlere Reife mit Ausbildung, Fachhochschulreife ohne Ausbildung
13	Fachhochschulreife mit Ausbildung, Hochschulreife ohne Ausbildung
15	Hochschulreife mit Ausbildung
17	Fachhochschulabschluß
19	Hochschulabschluß

Derartige Inkonsistenzen traten hinsichtlich der *Kinderbiographie* wesentlich seltener auf. In der erstellten Personendatei befanden sich zunächst 7752 Personen. Nach Ausschluß der inkonsistenten Kinderbiographien reduzierte sich die Zahl um nur 6 Personen, nach Ausschluß der inkonsistenten Ehebiographien dagegen auf die verbliebenen 6564. Entscheidend für die auffallend präzise Rückerinnerung der Kinderbiographie ist wahrscheinlich zum einen die Bedeutsamkeit der direkten oder indirekten Erfahrung der Geburt und Erziehung der Kinder, zum anderen aber auch die inhärente kognitive Struktur, die die Geburtstermine zumindest jahresgenau aus dem Wissen um die Altersabstände der Kinder einfach herleiten läßt (vgl. Brückner, H. 1995: 7).

Die Güte dieser Daten ermöglichte die theoretisch sinnvollste Variante der Einbeziehung der Kinderbiographie. Weniger der bloßen Existenz von Kindern als der Notwendigkeit ihrer *Betreuung* wird ein Einfluß auf die Mobilitätsrate unterstellt. Daher wurde die Kinderbiographie zeitabhängig modelliert als das Vorhandensein von *Kindern unter sechs Jahren*. Es wurde darum zusätzlich zu den Geburtszeitpunkten ein Episodensplitting (vgl. Kapitel 8.7) zu dem Zeitpunkt durchgeführt, an dem das Kind 72 Monate (sechs Jahre) alt wurde. Infolge dieses Splittings wurde die Dummyvariable Variable, welche die Existenz des jeweiligen Kindes indiziert, wieder auf Null gesetzt und auf dieser Grundlage dann die zeitabhängige Variable "Kind unter sechs Jahren" gebildet.

Die *Prozeßzeit* ist die Dauer der ungesplitteten Ursprungsepisode. Sie muß sich im Falle einer gesplitteten Episode entsprechend über die Subepisoden hinweg auf die ursprüngliche Dauer aufkumulieren. Dem Ende jeder Subepisode, gleich, ob der Splitzeitpunkt aus einem biographischen Ereignis resultiert oder aus dem Ende eines Kalenderjahres, wurde darum die zum diesem Endzeitpunkt verbrachte Verweildauer zuwiesen.

Die Bildung der *Berufseintrittskohorten* erfolgte in Anlehnung an Blossfeld (1989: 139). Ihm zufolge traten die in der Lebensverlaufsstudie (Mayer/Brückner 1989, Wagner 1996) un-

ter theoretischen Gesichtspunkten ausgewählten Geburtskohorten in folgenden Zeiträumen in das Erwerbssystem ein:
Kohorte 1: 1945-1955
Kohorte 2: 1956-1965
Kohorte 3: 1966-1975
Kohorte 4: 1976-1988
Es ist ein Ziel der Arbeit, die Koborteneffekte in einer Weise zu modellieren, die die hinter den Berufseintrittszeitpunkten stehenden Strukturvariablen identifizierbar macht, wie Rodgers (1982) es vorschlägt. Die separate Hinzunahme der Kohorten ist aber wichtig, um den mit der Kohortenzugehörigkeit in Verbindung stehenden "sample selection bias" zu kontrollieren.

8.2 Erstellung der Episodendatei aus den Teildatensätzen der Lebensverlaufsstudie

Die Erhebung der Lebensverläufe der Geburtskohorten 1929-31, 1939-41 und 1949-51 (Mayer/Brückner 1989) wird vom "Zentralarchiv für empirische Sozialforschung an der Universität zu Köln" in Form von 17 Teildatensätzen zur Verfügung gestellt. Diese Teildatensätze müssen je nach Erkenntnisinteresse zusammengeführt werden. Aufgrund der überaus akribischen Edition der Daten, die im Falle von inkonsistenten biographischen Angaben mit einer erneuten telefonischen Kontaktaufnahme zu der befragten Person einherging (Brückner, E. 1989: 228), wurde eine außerordentlich hohe Qualität hinsichtlich der Konsistenz und Vollständigkeit der Informationen erreicht.

Ausgangsdatensatz für die folgenden Analysen bildet die Episodendatei mit den 6732 Erwerbsepisoden. Registriert wurden alle Arten von Arbeitsplatzwechsel und Arbeitsplatzveränderungen mit genauen Angaben sowohl über Eigenschaften des Arbeitsplatzes selbst als auch über Eigenschaften des Betriebes und darüber, ob die neue Position inner- oder außerhalb des bisherigen Betriebs besetzt wurde (vgl. Mayer/Brückner 1989, Teil I: 28). Um ereignisbezogene Informationen zu gewinnen, wurde in der vorliegenden Arbeit zunächst für jede befragte Person in jede Episode die Information der *Folgeepisode* mit aufgenommen. Als Endzeitpunkt einer jeden Episode wurde daraufhin der Startzeitpunkt der Folgeepisode definiert. Darüberhinaus enthält jede Episode damit die Information über den zu untersuchenden Zielzustand des Prozesses, wie auch immer er gerade festgelegt wird (z.B. nur innerbetriebliche Aufstiege oder übertriebliche Abstiege). Es interessierten dabei nur Episoden, die mindestens 35 Arbeitsstunden pro Woche bedeuteten. Ging ein Übergang mit einem Zuwachs des Tegtmeyer Prestigescores einher, und bedeutete er jedoch zugleich einen Wechsel in eine Teilzeittätigkeit, wurde dieser Wechsel nicht als Aufstieg gewertet. In gleicher Weise wurde ein horizontaler Wechsel, der also weder in einem Aufstieg noch in einem Abstieg bestand, als rechtszensiert betrachtet, wenn die Folgeepisode mit einer Teilzeitbeschäftigung einherging.

Die *Berufserfahrung* wurde operationalisiert als die zu Beginn einer Episode bereits im Erwerbssystem verbrachte Zeit. Etwaige Unterbrechungszeiten wurden abgezogen. Die Verweildauer in Teilzeittätigkeiten wurde trotzdem zur Berufserfahrung hinzuaddiert, da auch in diesen Fällen durchaus "on-the-job"-Praxis erworben werden kann. Gleiches gilt für Episoden, die in beruflichen Stellungen verbracht wurden, die später aus den Untersuchungen ausgeklammert wurden[18].

Die *Kinderbiographie* wurde ebenso, wie in den Modellen mit dem Familiensurvey, vollständig zeitabhängig erfaßt.

Personen, die fehlende oder inkonsistente Zeitangaben in ihrer Ehebiographie hatten, wurden aus der Analyse ausgeschlossen. Aufgrund der genauen Edition der Daten war trotz der beschränkten Fallzahlen eine vollständige Einbeziehung der *Ehebiographie* möglich, das heißt, es konnte zu jedem Zeitpunkt festgestellt werden, ob eine Person verheiratet war. Verschiedene Ursachen des Eheendes waren dabei nicht von Bedeutung. Zum Zeitpunkt eines jeden Eheanfangs und eines jeden Eheendes wurde ein Episodensplitting durchgeführt und eine Variable, die zu jedem Zeitpunkt anzeigt, ob eine Person verheiratet ist oder nicht, gebildet.

Eine weitere Dummyvariable zeigt darüberhinaus an, ob sich eine Person zu Beginn einer Episode im *öffentlichen Dienst* befand.

Weitaus am kompliziertesten gestaltete sich die Messung der Verweildauer einer Person innerhalb eines Betriebes zum Zeitpunkt des Ereignisses, die *innerbetriebliche Prozeßzeit*, im Folgenden *Senioritätszeit* genannt. Nach Einstieg einer Person in einen Betrieb[19] wurde die Verweildauer in diesem Betrieb solange über alle (Sub-) Episoden hinweg kumuliert, bis die Person den Betrieb wechselte. In einem neuen Betrieb wurde dieser Zähler wieder auf Null gesetzt und die Kumulation erneut begonnen. In die Berechnungen dieser Variable gingen auch Episoden ein, die weniger als 35 Wocharbeitsstunden beinhalteten. Erwerbsunterbrechungszeiten wurden von der Senioritätszeit abgezogen.

---

[18] Dabei handelt es sich um alle Kategorien der Landwirte, mithelfenden Familienangehörigen, Wehrpflichtige, Praktikanten/Volontäre, Pflichtjahr, und Haushaltsjahr/diakonisches Jahr (Mayer/Brückner 1989 Teil III: 150f).

[19] Absolvierte eine Person bereits ihre Ausbildung in dem Betrieb, wurde die Ausbildungsdauer *nicht* zur innerbetrieblichen Zugehörigkeitsdauer hinzuaddiert.

Tabelle 8.1.2: Messung der Bildungsvariable in Ausbildungsjahren: Die Lebensverlaufsstudie

Anzahl der Jahre	Abschlüsse
8	kein Hauptschulabschluß und keine Ausbildung
9	Hauptschule ohne Ausbildung oder kein allgemeiner Schulabschluß mit Ausbildung
10	Mittlere Reife ohne Ausbildung
11	Hauptschule mit Ausbildung
12	Mittlere Reife mit Ausbildung, Fachhochschulreife ohne Ausbildung
13	Fachhochschulreife mit Ausbildung, Hochschulreife ohne Ausbildung
15	Hochschulreife mit Ausbildung
17	Fachhochschulabschluß oder Abschluß Berufsakademie
19	Hochschulabschluß (Diplom, Magister, 1. oder 2. Staatsexamen)

Für die *Ausbildung* einer Person wurde zunächst der erste allgemeine Schulabschluß in die für diesen Abschluß mindestnotwendige Anzahl von Ausbildungsjahren übersetzt. Hatte eine Person im zweiten Anlauf einen höheren Abschluß erworben, wurde der Wert der Ausbildungsjahre entsprechen überschrieben. Dies wurde wiederum ermöglicht durch ein Episodensplitting zum Endzeitpunkt von jeder der maximal fünf Ausbildungen. Wurde über den allgemeinen Schulabschluß hinaus irgendeine Ausbildung abgeschlossen, konnte dies infolge des Episodensplittings entsprechend zeitabhängig registriert werden. Die "Fachschulreife" wurde der mittleren Reife zugewiesen. Tabelle 8.1.2 zeigt die Werte, die von der Kodierung im Familiensurvey etwas abweicht.

Die *Größe des Betriebes* wurde, wie auch in einigen anderen Untersuchungen (Mayer/Carroll 1987: 26, Carroll/Mayer 1986: 332), durch die logarithmierte Anzahl der Beschäftigten gemessen. Den unstrukturierten bzw. den *Jedermannsarbeitsmarkt* operationalisieren Blossfeld und Mayer (1988: 268) über die Qualifikationsanforderung des Arbeitsplatzes. Hier wird ein ähnlicher Weg eingeschlagen, indem die zeitabhängige Variable gebildet wurde aus (Sub-) Episoden, bei denen die Person weder Hochschul- bzw. Fachhochschulstudium noch Berufsausbildung hatte und bei denen sie sich darüberhinaus in un- oder angelernten Arbeiter- oder einfachen Dienstleistungspositionen befand. Überdies wurde die weitere Differenzierung von Szydlik (1991: 247) aufgegriffen. Betriebe mit 200 Beschäftigten und mehr gehören dem (unstrukturierten) *Jedermannarbeitsmarkt in großen Betrieben*, unter 200 Beschäftigten dem (unstrukturierten) *Jedermannarbeitsmarkt in kleinen Betrieben* an. Genau genommen erfaßt die Variable aufgrund der Operationalisierung *Arbeitsplätze mit Jedermannqualifikationen*, die unter Umständen auch im Segment des öffentlichen Dienstes verortet sein können, es sei denn, die Person ist verbeamtet. Verbeamtung setzt zumindest den "Abschluß für den einfachen Dienst" voraus (vgl. das Kodierschema in Mayer/Brückner 1989 Teil III: 52), weshalb Beamte auf den Jedermannsarbeitsmärkten per Definition nicht anzutreffen sind.

Darüberhinaus wurde die Zugehörigkeit zu der jeweiligen *Geburtskohorte* in den Modellen kontrolliert. Dies war unerläßlich, da in der Lebensverlaufsstudie die Erhebung der Geburtskohorten bewußt gesteuert wurde, wodurch sie in einem Verhältnis von 1: 1,02: 1,03, im repräsentativen Mikrozensus 1981 jedoch im Verhältnis von 1: 1,23: 0,94 zueinander stehen (Blossfeld 1989: 160). Relativ zu der ältesten ist die mittlere Kohorte in der Lebensverlaufsstudie damit etwas unter- und die jüngste Kohorte leicht überrepräsentiert. Diesem Bias sollte durch Kontrolle mittels Kohortendummies Rechnung getragen werden. In seinen umfangreichen Analysen von Berufskarrieren im öffentlichen Dienst und in der Privatwirtschaft betrachtete R. Becker (1993: 186f) darüberhinaus die Kohorteneffekte als Indikatoren des berufsstrukturellen Wandels (ebd.: 194).

Nach konsequenter Aussortierung von Personen mit ungültigen Angaben verblieben von den ursprünglich 6732 Erwerbsepisoden immerhin 4278 mit gültigen Angaben bei allen Variablen im Datensatz. Die Anzahl von 4278 Episoden erhöhte sich im Zuge des Episodensplittings auf 8894, von denen 791 mit einem Aufstieg endeten, 297 mit einem Abstieg, 2080 waren horizontale Wechsel und 5726 rechtszensiert zum Interviewzeitpunkt bzw. zum Zeitpunkt der Aufnahme eine Teilzeitbeschäftigung[20] oder zum Splitzeitpunkt. Auf- und Abstiege wurden anhand der Veränderung des Tegtmeyer Prestigescores ermittelt. Nach dem Episodensplitting zu den Zeitpunkten relevanter biographischer Ereignisse wurden die Berechnungen mit insgesamt 8894 Subepisoden durchgeführt.

Ein wesentlicher Nachteil der Lebensverlaufsstudie gegenüber dem Familiensurvey besteht darin, daß eine zeitabhängige Modellierung der makrosozialen, durch Zeitreihen gemessenen Einflußfaktoren nur bedingt möglich ist, da ein der Teil der Befragten, insbesondere in der ältesten Kohorte der um 1930 geborenen, die ein Drittel der gesamten Stichprobe ausmacht, *vor 1950* in das Erwerbssystem eingestiegen ist. Brauchbare Zeitreihen, wie sie zur Operationalisierung der makrosozialen Gelegenheitsstrukturen verwendet wurden, liegen jedoch erst ab 1950 vor. Modellierungen der makrosozialen Gelegenheitsstruktur als Kohorteneffekt sind für die vor 1950 begonnenen Episoden nicht möglich. Blossfelds Versuch, dieses Problem durch das Verfahren der Extrapolation der Zeitreihen "auf der Basis einer polynominalen Regression" zu lösen (Blossfeld 1987: 80) erscheint darum bemerkenswert, da immerhin fast ein Drittel aller Berufseinstiege davon betroffen ist.

8.3 Die Zeitreihen des Statistischen Bundesamtes

Zur Operationalisierung der makrosozialen Opportunitätsstruktur der alten Bundesrepublik wurden für die Jahre 1950-1988 folgende Indikatoren herangezogen:
- Bruttoinlandsprodukt in Preisen von 1991 (StaBa III A 1 (8.1.97), Lange Reihe ab 1950, Fachserie 18), früheres Bundesgebiet.
- Wirtschaftswachstum: prozentuale Veränderung des Bruttoinlandproduktes gegenüber dem Vorjahr (eigene Berechnung). Wurde von den endgültigen Berechnungen ausgenommen.
- Arbeitslosenquote insgesamt (StaBa VIII C).
- Veränderung der Arbeitslosenquote gegenüber dem Vorjahr (in Prozentpunkten), (eigene Berechnungen).

---

[20] Definiert als weniger als 35 Arbeitsstunden in der Woche.

- Zahl der offenen Stellen insgesamt (StaBa VIII C).
- Prozentualer Anteil der Erwerbstätigen im Dienstleistungssektor (StaBa Fachserie 18, 1990, Reihe S 15 (1950- 1960) und Fachserie 18, 1996, Reihe 1.1. (ab 1960).
- Prozentualer Anteil der Erwerbstätigen in den Bereichen Staat, private Haushalte und private Organisationen (StaBa Fachserie 18, 1990, Reihe S 15 (1950- 1960) und Fachserie 18, 1996, Reihe 1.1. (ab 1960)).
- Prozentualer Anteil des Dienstleistungssektors an der Bruttowertschöpfung in Preisen von 1991 (StaBa 97 III A1 (8.1.97), früheres Bundesgebiet.
- Prozentualer Anteil der potentiellen Pensionäre, errechnet aus: Bevölkerung nach Altersgruppen (StaBa 1996 VIII B- 174/1 - 03).
- Quantitative Stärke des Geburtsjahrgangs als Anzahl der Lebendgeborenen auf 1000 Einwohner (StaBa 1958, S. 47 u. 1973, S. 55: Statistische Jahrbücher).
- Veränderung der Anzahl der Lebendgeborenen auf 1000 Einwohner gegenüber dem Vorjahr (in Prozentpunkten), (eigene Berechnungen).

Für die Geburtenentwicklung der Bundesrepublik 1932- 1971 lassen sich bspw. folgende Verläufe abbilden:

Graphik 8.3.1

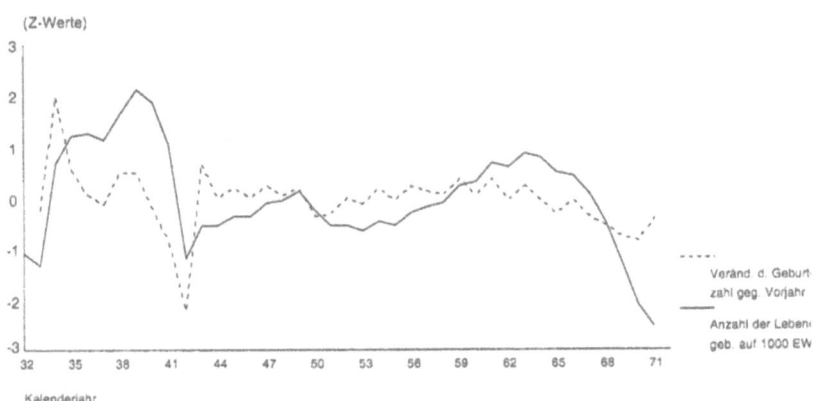

8.4 Die Opportunitätenstruktur der Bundesrepublik Deutschland 1950- 1988

In den theoretischen Kapiteln ist deutlich geworden, wie wichtig eine Kontrolle der Opportunitätenstruktur ist. Auf der gesamtgesellschaftlichen Ebene wird sie durch zeitveränderliche makro-ökonomische oder demographische Variablen gemessen. Um diese Variablen in den ereignisanalytischen Modelle zu berücksichtigen, müssen die verschiedenen amtlichen

Zeitreihen, die als Indikatoren für die Opportunitätenstruktur herangezogen werden können, hinsichtlich ihrer inhaltlichen Dimensionalität überprüft werden. Es ist nämlich zunächst noch ungeklärt, ob sich diese Zeitreihen jeweils auf völlig eigene gesamtgesellschaftliche Entwicklungsmuster beziehen, oder ob einige von ihnen mit latenten, nicht direkt gemessenen Hintergrundvariablen korrelieren. Es gilt also, so Blossfeld (1989: 64), das "Identifikationsproblem" zu lösen, d.h. entweder zu entscheiden, durch welchen Teilaspekt makro-sozialer Entwicklungsprozesse relevante Strukturmerkmale am besten wiedergegeben werden können, oder aber zu versuchen, die untereinander teilweise sehr hoch korrelierenden Zeitreihen auf die dahinterstehenden Faktoren zurückzuführen. Eine Methode zu einer derartigen Datenreduktion ist das statistische Verfahren der Faktorenanalyse (Backhaus et. al. 1994, Kap. 5).

Es entsteht jedoch ein Konflikt zwischen der Notwendigkeit einer Datenreduktion einerseits und der Gefahr eines Informationsverlustes durch Konfundierung vieler Variablen andererseits. So reduzierte Blossfeld (1987: 80) insgesamt 14 Zeitreihen auf zwei Faktoren und mußte sich bei der Interpretation dieser Lösung mit dem abstrakten und konkretisierungsbedürftigen Konzept des "Modernisierungsniveaus" behelfen. Ohne Blossfelds Studie explizit zu erwähnen, weisen Mayer und Huinink (1990: 455) ein derartiges Vorgehen darum auch mit dem Argument zurück, daß in ihrem Verlauf zwar sehr ähnliche, aber analytisch zu unterscheidende Entwicklungen vermengt werden (vgl. auch Brüderl 1991: 112). Die theoretische Diskussion in Kapitel 4 ergab aber, daß sich die Form der Ungleichheitspyramide durch einen Bedeutungsgewinn des tertiären Sektors und die damit einhergehende relative Zunahme der Dienstleistungspositionen mit hohem bzw. niedrigem Prestige- oder Statusniveau veränderte.

Die Auswahl der Variablen für die folgende Faktorenanalyse erfolgte darum auch in enger Anlehnung an die Theorie. Da in der theoretischen Diskussion über die langfristige Veränderung der Beschäftigungsstruktur sowohl von Daniel Bell als auch von Harry Braverman der Wandel zur Dienstleistungsgesellschaft im Mittelpunkt steht (Blossfeld 1989: 35), wurden auch nur Variablen in der Analyse berücksichtigt, die sich auf den Tertiarisierungsprozeß beziehen. Eine Ausnahme stellt das mit der Tertiarisierung hoch korrelierende Bruttoinlandsprodukt dar. Es wurde in die Faktorenanalyse mit einbezogen, da ohne sie die Verstöße gegen die Anwendungsvoraussetzungen der Faktorenanalyse (vgl. folgenden Abschnitt 8.5) zu erheblich gewesen wären, um von einer Berechnung valider Faktorwerte auszugehen. Darin bestand jedoch das eigentliche Ziel der Faktorenanalyse. Die auf die Arbeitsmarktlage hinweisenden Indikatoren sind die Zahl der offenen Stellen und die Arbeitslosenquote.

8.5 Die Faktorenanalyse und ihre Anwendungsvoraussetzungen

Das Verfahren der Faktorenanalyse reduziert die Information mehrerer Variablen auf wenige latente, nicht direkt gemessene Hintergrundmerkmale, von denen die Ursprungsvariablen funktional abhängig sind. Aufgrund einer Korrelationsmatrix der Ursprungsvariablen untereinander werden eine oder mehrere 'synthetische Variable', die *Faktoren* (Bortz 1989: 616, Wittenberg 1991: 83, Backhaus et. al. 1994: 193), konstruiert. Jeder Faktor bildet eine hypothetische Dimension ab, die jenen Variablen gemeinsam ist, die mit dem Faktor hoch korrelieren.

Aufgrund der durch die Zeitreihen bedingten geringen Fallzahl ist die Prüfung der Matrix auf ihre Eignung für die Faktorenanalyse unerläßlich. Im ersten Schritt der Faktorenanalyse wird eine Korrelationsmatrix der standardisierten Ursprungsvariablen erstellt. Um eine aussagefähige Faktorenanalyse durchführen zu können, sollte diese Matrix bestimmte Eigenschaften aufweisen. Erstens eignet sich die Matrix dann, wenn die Anti-Image-Kovarianz-Matrix eine Diagonalmatrix darstellt. Ihre nicht diagonalen Elemente sollen darum möglichst nahe bei Null liegen (Backhaus et. al. 1994: 204). Das ist in den hier durchgeführten Berechnungen der Fall.

Tabelle 8.5.1: Anti-Image Kovarianz Matrix:

```
Anti-image Covariance Matrix:

        Z_STAAT   ZALQ_INS  ZBIP_91   ZBWS_DIE  ZERW_DIE  ZOFFSTEL

Z_STAAT   ,00190
ZALQ_INS -,00783   ,04375
ZBIP_91  -,00098   ,00500   ,00140
ZBWS_DIE  ,00224  -,00890   ,00086   ,00868
ZERW_DIE -,00051   ,00131  -,00063  -,00276   ,00104
ZOFFSTEL  ,00854  -,02487  -,00840   ,00183   ,00165   ,09545
```

Quelle: Eigene Berechnungen

Da jedoch keine begründete Obergrenze für diese Werte existiert, wird empfohlen, eine Matrix dann als geeignet zu betrachten, wenn der Anteil der Nicht-Diagonalelemente der Anti-Image Kovarianz Matrix, der über |0,09| von Null abweicht, unter 25 % beträgt (Backhaus et. al. 1994: 205). Nach diesem Kriterium erfüllt die Matrix die Voraussetzungen (Tabelle 8.5.1).

Tabelle 8.5.2: Anti-Image Korrelationsmatrix:

```
Anti-image Correlation Matrix:

        Z_STAAT   ZALQ_INS  ZBIP_91   ZBWS_DIE  ZERW_DIE  ZOFFSTEL

Z_STAAT   ,60104
ZALQ_INS -,85835   ,42733
ZBIP_91  -,60091   ,63839   ,61544
ZBWS_DIE  ,54987  -,45643   ,24643   ,66908
ZERW_DIE -,35909   ,19355  -,52286  -,91755   ,69029
ZOFFSTEL  ,63342  -,38484  -,72703   ,06344   ,16491   ,49325
```

Quelle: Eigene Berechnungen

Tabelle 8.5.3: Ergebnisse der Faktorenanalyse zur Ermittlung der Faktoren "Tertiarisierungsniveau" und "Arbeitsmarktlage" (nur Ladungen über 0,50 ausgewiesen)

Indikatoren der sozialen und ökonomischen Entwicklung	Faktormatrix auf der Basis einer Hauptkomponentenanalyse			Faktormatrix nach Orthogonalrotation	
	Faktor 1	Faktor 2	Kommunalität	Faktor 1 Tertiarisierung	Faktor 2 Arbeitsmarktlage
Bruttoinlandsprodukt (BIP) in Preisen von 1991	0,90087		0,99377	0,99405	
Prozentualer Anteil der Erwerbstätigen im Dienstleistungssektor	0,96974		0,99929	0,99222	
Prozentualer Anteil der Erwerbstätigen in den Bereichen Staat, private Haushalte und private Organisationen	0,97280		0,98576	0,97924	
Prozentualer Anteil des Dienstleistungssektors an der Bruttowertschöpfung in Preisen von 1991	0,97543		0,99929	0,89509	
Arbeitslosenquote insgesamt		-0,85088	0,93960		0,96084
Zahl der offenen Stellen		-0,86151	0,93283		-0,96081
Eigenwert	4,05601	1,74853			
Anteil der erklärten Varianz durch Faktor	67,6 %	29,1 %			
Kumulative erklärte Varianz	67,6 %	96,7 %			

Quelle: Eigene Berechnungen

Allerdings ergab die Anti-Image Korrelationsmatrix, die in der Diagonalen die MSA-Werte für jede Variable ausgibt (measurement of sampling adequacy), nach dem Kaiser-Maier-Olkin-Kriterium als schlechtesten Wert nur 0,42733 (Tabelle 8.5.2). Die gesamte Matrix (MSA= 0,60225) liegt eindeutig über dem Schwellenwert von 0,5, würde aber von Kaiser selbst nur als "mediocre" bezeichnet (ebd.). Die Faktorenanalyse konnte in Anbetracht dieser Ergebnisse durchgeführt werden. Mit einem sehr hohen χ^2- Wert von 594,68 bei einem Signifikanzniveau unterhalb der Rechengenauigkeit von SPSS ist außerdem durch den Bartlett-Test eine Zufälligkeit der Korrelationen in der Stichprobe ausgeschlossen. Nach dem Kaiser-Kriterium in der Hauptkomponentenanalyse (PCA) wurden Faktoren mit Eigenwerten kleiner als 1 nicht extrahiert, weil sie weniger Varianz erklären, als eine einzelne Variable (Wittenberg 1991: 86, Backhaus et. al. 1994: 225). Tabelle 8.5.3 zeigt das Ergebnis.

Die sich auf diese Weise ergebenden zwei Faktoren weisen nach der VARIMAX-Rotation eine Einfachstruktur auf und trennen darum eindeutig zwischen zwei eigenständigen, voneinander unabhängigen Dimensionen (vgl. Bortz 1989: 665, Backhaus et. al. 1994: 228). Keine der Ursprungsvariablen läd zugleich auf beiden Faktoren höher als 0,5 (vgl. Backhaus et. al. 1994: 228). Schließlich wurde für jeden Fall, hier für jedes Kalenderjahr von 1950-1988, die beiden Faktorwerte bestimmt. Graphik 8.5.1 zeigt die historische Entwicklung der beiden Faktoren.

Graphik 8.5.1:

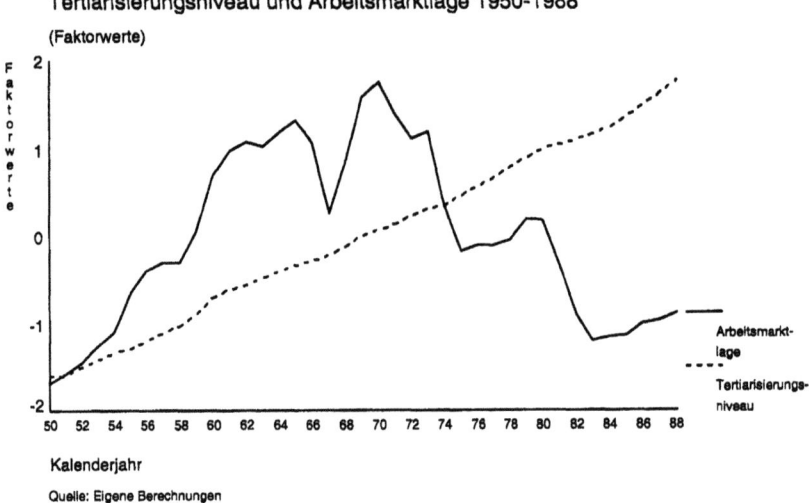

8.6 Kausale Modellierung zeitlicher Verläufe durch die Ereignisanalyse

Die Untersuchungseinheiten unserer Analysen bilden nicht statische Strukturen, sondern *Prozesse*: ein Individuum tritt auf einem bestimmten Statusniveau in das Erwerbssystem ein und "wartet" auf dieser Position auf das Ereignis eines Aufstiegs, eines horizontalen[21] Positionswechsels oder in eines Abstiegs. Nachdem eines dieser Ereignisse eingetreten ist, beginnt die zweite Episode, die wiederum mit einem Ereignis enden kann. Die neue berufliche Position ist nun die Ausgangsposition für die dritte und damit - aufgrund der Datenlage im Familiensurvey 1988 - letzte Erwerbsepisode. In der Lebensverlaufsstudie sind dagegen bis zu 19 Jobepisoden berücksichtigt, allerdings wurde hier jeder Jobwechsel registriert, wohingegen im Familiensurvey nur Wechsel der beruflichen Stellung erfaßt wurden.

Ist der Ausgang einer Episode nicht bekannt, weil bis zum Zeitpunkt des Interviews kein Ereignis eintrat und über den späteren Verlauf keine Informationen vorliegen, gilt diese Episode als rechtszensiert. Sie geht aber als Wahrscheinlichkeit,

---

[21] Mobilitätsprozesse in Form von Arbeitgeberwechseln bzw. innerhalb gleicher Statuspositionen wurden durch die Frageformulierung im Familiensurvey explizit ausgeklammert (vgl. S. 17 des Fragebogens). Horizontale Mobilität wurde aufgrund des seltenen Auftretens im Familiensurvey nur in den mit Daten der Lebensverlaufsstudie durchgeführten Analysen berücksichtigt.

daß bei verbrachter Wartezeit bis zum Zeitpunkt des Interviews *kein* Ereignis[22] eingetreten ist, in die Berechnungen der Likelihoodfunktion mit ein (Blossfeld/Rohwer 1995: 83).

Interessant ist dabei vor allem,
- ob die Wahrscheinlichkeit, im Verlauf einer Erwerbsepisode ein Ereignis der uns interessierenden Art zu erleben, über den ganzen Warteprozeß hinweg konstant ist (zeitkonstante Rate), oder ob beispielsweise zu Beginn einer Episode die Aufstiegswahrscheinlichkeit eine andere ist, als zu deren Ende oder in der Mitte (zeitabhängige Rate)[23], und
- ob die Zeitabhängigkeit der Rate sowie wie der Verlauf der Rate allgemein über die gesamte Stichprobe hinweg verallgemeinerbar ist, oder ob eine *Heterogenität* vorliegt, ob also bestimmte Merkmale der Untersuchungseinheiten den Verlauf der Rate in bestimmter Weise prägen. Da in den folgenden Analysemodellen immer die zeitpunktbezogene Risikopopulation, also jener Teil der Stichprobe, beim dem bis zu einem bestimmten Zeitpunkt des untersuchten Prozesses noch kein Ereignis eingetreten ist, den Schätzungen der Ereigniswahrscheinlichkeit zugrundeliegt (Formel 8.3), würde eine die Heterogenität der Aussagegesamtheit nicht berücksichtigende Schätzung ein unbrauchbares Ergebnis liefern (Blossfeld/Rohwer 1995: 240f, Brüderl 1991: 43). Tendieren beispielsweise Frauen eher zu einem Austritt aus einer Berufsposition als Männer, bilden gegen Ende eines untersuchten Prozesses unverhältnismäßig mehr Männer die Risikopopulation. Die Rate der gesamten Stichprobe scheint zu fallen, wohingegen die geschlechtergetrennten Raten - auf unterschiedlichem Niveau - zeitkonstant sein können (Schaubild 8.6.1).

---

[22] Zensierungen können auch als (unabhängige) konkurrierende Risiken betrachtet werden (Andreß 1992: 97ff).
[23] zu den verschiedenen Formen der Zeitabhängigkeit vgl. u.a. Diekmann/Mitter 1984: 150

Schaubild 8.6.1: Heterogene Stichprobe

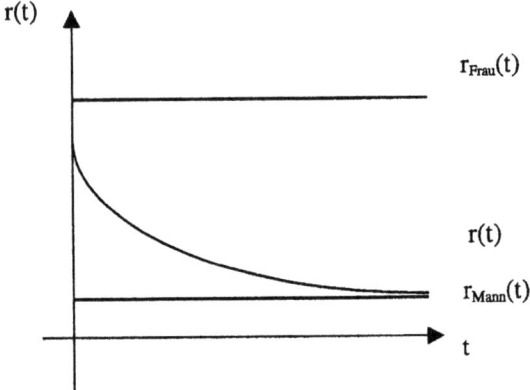

- Innerhalb eines Regressionsmodells kann mittels Kontrolle relevanter Merkmale durch Kovariaten die Heterogenität offengelegt werden. Bezüglich der Zeitabhängigkeit der Kovariaten ist durch das Verfahren des *"Episodensplittings"* (Blossfeld/Rohwer 1995: 128ff) der Effekt von Prozessen in anderen Lebensbereichen auf die soziale Mobilität analysierbar. Das Episodensplitting dient zur Modellierung von Zeitabhängigkeiten, indem die Erwerbsepisode zu dem Zeitpunkt, an dem irgendein anderes Ereignis eintritt, von dem ein Effekt zu erwarten ist (bspw. die Geburt eines Kindes), geteilt und dabei die Rate (bzw. Verweildauer) beider Subepisoden verglichen wird. Liegt beispielsweise das Ereignis der Heirat innerhalb der Erwerbsepisode, wird ein neuer *record* in die Datenmatrix geschrieben. Der erste record enthält als Verweildauer das Zeitintervall vom Startzeitpunkt der Ursprungsepisode bis zum Zeitpunkt der Heirat und ist rechtszensiert. Die zweite Hälfte erstreckt sich vom Heiratszeitpunkt zum Endzeitpunkt der Erwerbsepisode und enthält als Zensierungsindikator die Information der Ursprungsepisode. Hat eine Heirat während einer Erwerbsepisode tatsächlich einen (z.B. negativen) Effekt auf die Aufstiegsrate, ist die Zeitabhängigkeit im Sinne einer mit der Prozeßzeit *fallenden* Rate zumindest teilweise auf die *Heterogenität* der Stichprobe hinsichtlich der Eheschließungen zurückzuführen. Bei eventuell auftretenden Zeitabhängigkeiten der Raten sollte immer versucht werden, diese durch die Heterogenität der Stichprobe zu erklären (Sørensen/Tuma 1981: 82,85), weshalb in den folgenden Analysen die Zeitabhängigkeit zunächst offen gelassen und durch zwei Kontrollterme konstant gehalten wurde.

Ein wesentlicher methodischer Vorteil der ereignisanalytischen Vorgehensweise besteht in einer recht eindeutigen statistischen Modellierung von *Kausalität*, ohne auf eine in den Sozialwissenschaften häufig auftretende Willkür bei der Setzung von unabhängiger und abhängiger Variable zurückgreifen zu müssen. Da in der Ereignisanalyse mit zeitbezogenen Daten gearbeitet wird, ist in den meisten Fällen sehr klar entscheidbar, daß - beispielsweise beim Episodensplitting - jene Ereignisse, die auf der Zeitachse vor den anderen Ereignissen gelagert sind, die unabhängigen Variablen sein müssen.

Die Übergangsrate zu einem Zeitpunkt in Abhängigkeit von zeitveränderlichen Kovariablen läßt sich als Exponentialfunktion wie folgt darstellen:

$$r(t \mid x(t)) = \exp(\beta' x(t)). \qquad (8.1)$$

Hierbei repräsentiert der Parameter β' den Einfluß auf die Rate $r(t)$ aufgrund des jeweiligen Merkmals x, welches sich ebenfalls im Zeitverlauf ändern kann. Dieser Einfluß kann sowohl negativ sein und die Rate senken, er kann genauso auch positiv sein und damit die Rate erhöhen. In einem multiplen Regressionsmodell kann die in einer repräsentativen Bevölkerungsstichprobe in den meisten Fällen naturgemäß auftretende Heterogenität für jede Variable unter statistischer Kontrolle der anderen getestet werden (vgl. Diekmann/ Mitter 1984: 119):

$$r(t) = \exp(\beta_0 + \beta_1 x_1 + \beta_2 x_2 + ... + \beta_n x_n) \qquad (8.2)$$

Die Übergangsrate bildet somit das zentrale Konzept der Ereignisanalyse. Sie stellt die "Wahrscheinlichkeit" des Eintretens eines Ereignisses in einem unendlich kleinen Zeitintervall unter der Bedingung dar, daß bis zu diesem Zeitintervall noch kein Ereignis eingetreten ist:

$$r(t) = \lim_{\Delta t \to 0} \frac{1}{\Delta t} P(t \leq T < t + \Delta t \mid T \geq t) \qquad (8.3)$$

T ist dabei der Zeitpunkt der Ereignisses und t bis t+Δt das gegen eine Breite von Null konvergierende Zeitintervall. Die Rate ist gleichzusetzen mit dem Quotienten aus der Wahrscheinlichkeitsdichte eines Ereignisses f(t) und der "Überlebensfunktion" S(t), die die Verteilung jener Fälle beschreibt, die zum jeweiligen Zeitpunkt ohne Ereignis bleiben:

$$r(t) = \frac{f(t)}{S(t)} <=> f(t) = r(t) \bullet S(t) \qquad (8.4)$$

Dabei besteht ein wichtiger Zusammenhang zwischen den grundlegenden Verteilungsfunktionen. Betrachten wir die Zeit als stetig, d.h., sie ist nicht in mehr oder minder große Intervalle eingeteilt, ergibt sich Wahrscheinlichkeits*dichte* f(t) für ein Ereignis aus der ersten Ableitung der Verteilungsfunktion F(t) der Dauer bis zu einem *Ereignis*,

$$f(t) = F'(t), \tag{8.5}$$

woraus folgt, daß sich F(t), äquivalent hierzu, auch als die kumulierte Ereignisdichte bzw. Fläche unter der Dichtefunktion f(t) von 0 bis t darstellen läßt,

$$F(t) = \int_0^t f(u)du. \tag{8.6}$$

Und für die Überlebenswahrscheinlichkeit gilt komplementär zur Ereigniswahrscheinlichkeit, d.h. S(t)=1-F(t), schließlich nach komplexerer Herleitung (Blossfeld/Hamerle/Mayer 1986: 33)

$$S(t) = \exp\{-\int_0^t r(u)du\}. \tag{8.7}$$

Bei den Berechnungen der Parameter, die mit SAS durchführt wurden, werden anhand der spezifizierten Ratenfunktion nach dem Maximum Likelihood Prinzip iterativ die Maxima der Likelihoodfunktion gefunden (Andreß 1992: 198). Die auf diese Weise errechneten Parameter ermöglichen eine Darstellung der Zusammenhänge zwischen der Übergangsrate und den Kovariaten als Prozenteffekt nach der Formel (Blossfeld/Rohwer 1995: 92, Blossfeld/Hamerle/Mayer 1986: 147)

$$\Delta \hat{r} = (\exp(\hat{\beta})^{\Delta A} - 1) * 100\% \tag{8.8}$$

Nach diesem Zusammenhang bedeutet eine Veränderung des Merkmals A um Δ Einheiten eine Veränderung der Rate um Δr Prozent.

8.7 Die Verknüpfung des Familiensurvey mit den amtlichen Zeitreihen

Die aus dem Familiensurvey 1988 erstellte Erwerbsepisodendatei erfuhr in der vorliegenden Arbeit ein Episodensplitting (Blossfeld/Rohwer 1995: 128ff) in zweifacher Hinsicht. Zum einen immer dann, wenn sich in der Biographie einer Person ein für den Mobilitätsprozeß relevanter Sachverhalt änderte (d.h. Ehe-, Familien- oder Ausbildungsereignis, vgl. oben). Dabei handelt es sich um ein Episodensplitting mit qualitativen Kovariaten (Blossfeld/Rohwer 1995: 128). Da jedoch das primäre Ziel der folgenden Analysen darin bestand, Einflüsse der sich stetig verändernden makrosozialen Strukturen abzubilden, wurde darüberhinaus ein Episodensplitting zu Beginn jedes neuen Kalenderjahres, indem sich eine Indikatorvariable der Makrostruktur änderte, durchgeführt. Somit wurde für jeden *Kalenderjahreswechsel* ein neuer record herausgeschrieben. Jeder dieser records ist notwendigerweise rechtszensiert, mit Ausnahme des letzten beobachteten Jahres.

Diesem Teil der ursprünglichen Episode muß der reale Zensierungsindikator zugewiesen werden, weshalb sich die Zahl der Rechtszensierungen erheblich erhöht, die Zahl der jeweiligen Ereignisse jedoch konstant bleiben muß. Das kalenderzeitliche "Episodensplitting mit quantitativen Kovariaten" (vgl. Blossfeld/Rohwer 1995: 139) ermöglichte eine dreifache Verknüpfung von Episodendatei und Zeitreihendatei:

Erstens wurden als (Berufseinstiegs-) Kohorteneffekt jeder Erwerbsepisode die entsprechenden Werte der Zeitreihendatei nach dem Verknüpfungskriterium des *Berufseinstiegsjahres* hinzugefügt. Somit enthalten alle folgenden records einer Person - gleich, in welcher Erwerbsepisode oder in welcher Kalenderjahres-Subepisode sie sich gerade befindet - die entsprechen Zeitreihenwerte des Berufseinstiegsjahres bzw. genauer: des *Vorjahres* (lag-Variable).

Zweitens wurde der jährliche Wert der "Lebendgeborenen auf 1000 Einwohner" bzw. dessen jeweilige Veränderung in Prozentpunkten der Episodendatei nach dem Kriterium des *Geburtsjahres* jeder Person zugewiesen.

Schließlich wurde drittens als Periodeneffekt jedem *Kalenderjahr* der jeweilige Zeitreihenwert des vorhergehenden Jahres angefügt[24].

---

[24] Real gingen immer die jeweiligen Faktoren- oder z-Werte in die Berechnungen mit ein.

9 Zusammenfassung der Hypothesen

Tabelle 9.1 faßt die bisher entwickelten Hypothesen zusammen. Wir waren im theoretischen Teil von drei Ungleichheitsdimensionen ausgegangen, die mit der intragenerationalen Statusmobilität in Verbindung stehen. Die verwendete Statusskala wurde anhand des externen Kriteriums des Nettoeinkommens validiert. Gewählt wurde dieses Kriterium mit dem Ziel, einen Indikator für den an die jeweilige berufliche Stellung geknüpften materiellen Reichtum zu erhalten. Die erste Ungleichheitsdimension auf der Makroebene der sozialen Strukturen und Institutionen ist die *Verfügbarkeit vakanter Positionen*. Aus ihr ergibt sich, wie gezeigt wurde, die Hypothese, daß ein hoher *Anteil potentieller Pensionäre* als Periodeneffekt die Aufstiegsraten über alle Status- und Bildungsniveaus hinweg erhöhen müßte. Nach Sørensens Vacancy Competition Ansatz sind die Pensionierungen eine Voraussetzung für die Entstehung von Vakanzen. Dieser Hypothese liegt natürlich die Prämisse zugrunde, daß die frei gewordenen Stellen auch wieder besetzt werden. Sogar im öffentlichen Dienst hat sich jedoch aufgrund der deutlich verschlechterten Arbeitsmarktlage in den 80er Jahren die Tendenz eines Abbaus von Vollzeit- zugunsten von Teilzeitstellen durchgesetzt (Keller 1985: 666). Darum ist es wichtig, ebenfalls die Arbeitsmarktlage zu kontrollieren. Dagegen läßt sich für den Berufseintrittskohorteneffekt die Hypothese aufstellen, daß mit steigendem Anteil potentieller Pensionäre die Aufstiegsrate sinkt. Begründen kann man diese Hypothese wiederum mit Tumas Konzept der unerwarteten Gewinne auf Arbeitnehmerseite, die durch das vermehrte Ausscheiden Älterer und der damit verbundenen erhöhten Nachfrage nach Arbeitskräften auf unerwartet hohen "ports of entry" in das Erwerbssystem einsteigen. Ihre Position können sie von dort aus kaum noch verbessern. Komplementär dazu müßten sich die Abstiegsraten durch die unerwarteten Gewinne des Arbeitnehmers während der weiteren Karriere erhöhen.

Über den Effekt des *Tertiarisierungsniveaus* existieren konkurrierende Hypothesen. Bell zufolge bedeutet die Tertiarisierung einen Ausbau statushoher Jobs im Dienstleistungsbereich und müßte darum nach Sørensens Vacancy Competition Theorie die Gelegenheitsstruktur für Aufstiege als Periodeneffekt verbessern. Für Braverman bedeutete die Tertiarisierung dagegen einen Ausbau, zugleich aber auch eine allgemeine Dequalifizierung der Verwaltungs- und Dienstleistungsjobs. Aus seiner Perspektive sind als Periodeneffekt eher erhöhte Abstiegsraten zu erwarten.

Gemäß der Vacancy Competition Theory und Tumas modifiziertem Humankapitalansatz nehmen mit steigendem Statusniveau die Aufstiegsraten ab. Tuma zufolge erhöht sich - bei Kontrolle der individuellen Ressourcen - mit steigendem Statusniveau auch die Wahrscheinlichkeit von Abstiegen (Blossfeld 1989: 43).

Tabelle 9.1: Strukturierungsmechanismen der Statusmobilität im Lebensverlauf. Erscheinungsebene, theoretischer Hintergrund, Operationalisierung und Hypothesen.

Erscheinungsebene	Strukturierungsmechanismus sozialer Ungleichheit	Theoretischer Ansatz	Operationalisierung	Erwartete Richtung des Einflusses auf das jeweilige Risiko
Makroebene der sozialen Strukturen und Institutionen	Die Verfügbarkeit vakanter Positionen in hierarchischen Organisationen (Simmel)	Vakanzkettentheorie (Hansson C. White) und	Prozentualer Anteil der potentiellen Pensionäre	Aufstiege:+(Periodeneff.),- (Kohoreneff.) Abstiege: - (Periodeneff.)
			Tertiarisierungsniveau (Daniel Bell)	Aufstiege: + (jeweils Periodeneffekte) Abstiege: -
		Vacancy Competition Theory (Aage B. Sørensen)	Tertiarisierungsniveau (Harry Braverman) Höhe der Ausgangsposition	Aufstiege: - Abstiege: + Abstiege: +
	Soziale Schließung (Weber/Parkin)	Theorie der Arbeitsmarktsegmentation (Werner Sengenberger)	unstrukturierter Arbeitsmarkt in kleinen Betrieben	Aufstiege:-/Abstiege (Betrieb):- Kündigung Abstiege (Markt): + hohe Fluktuation Horizontal (Betrieb): - keine Opportunitäten Horizontal (Markt): + Fluktuation
			unstrukturierter Arbeitsmarkt in großen Betrieben	Aufstiege: (+) evtl. Übergang (Betrieb) / - (Markt) Horizontal (Betrieb) + Fluktuation (Betrieb) / + Fluktuation (Markt)
			Betriebsgröße	Aufstiege: +/ Abstiege: -/horizontal: + Aufstiege (Betrieb):+ Aufstiege (Markt): -
			Senioritätszeit	Abstiege: -
			Öffentlicher Dienst	Aufstiege: + (nicht unbedingt) Abstiege: -
Mikroebene der individuellen Ressourcen und der Marktkonkurrenz	Individuelle Ressourcen: Marktungleichgewichte	Modifizierte Humankapitaltheorie (Tuma, Blossfeld) Vacancy Competition Theory (Aage B. Sørensen)	Arbeitsmarktlage: unerwartete Verluste und unerwartete Gewinne	Aufstiege:+(Kohorteneff.),- (Periodeneff.) Abstiege:- (Kohorteneff.),+ (Periodeneff.)
	Individuelle Ressourcen: Position in der Warteschlange		Berufserfahrung, bzw. Anpassung von individuellen Ressourcen und Statusniveau	Aufstiege:- Abstiege:+
	individuelle Ressourcen und Marktlage (Weber)	Humankapitaltheorie (Gary S. Becker, Jacob Mincer), Familienökonomie	mindestnotwendige Ausbildungsjahre	Aufstiege:+ /Abstiege:-
			Investitionsverhalten u. Berufserfahrung	Auf- und Abstiege:-
			Verheiratet*Frau	Aufstiege: - / Abstiege: - Ausstieg
			Kind unter sechs Jahren*Frau	Aufstiege: - / Abstiege: - Ausstieg

Die Effekte der *sozialen Schließung* sind ebenfalls auf der Makroebene zu verorten. In diesem Zusammenhang lassen sich aus der Theorie der Arbeitsmarktsegmentation folgende Hypothesen herleiten: Die Jedermanns- bzw. *unstrukturierten Arbeitsmärkte*, sowohl innerhalb großer als auch kleiner Betriebe, wirken sich im Vergleich zu den "strukturierten" Teilarbeitsmarktsegmenten auf überbetriebliche, marktvermittelte Aufstiegsraten negativ aus, da in diesen Segmenten keine Humankapitalinvestitionen stattfinden bzw. bereits vorhandenes Humankapital durch den Faktor "Zeit" entwertet wird. Vermehrte Abstiege in unstrukturierten Arbeitsmärkten könnten - unter Kontrolle des Ausgangsstatus - eventuell ein Resultat der allgemein sehr hohen Fluktuation und häufigen Job-Wechsel sein. In großen Betrieben besteht, wie Blossfeld und Mayer (1988: 271) zeigten, immerhin die Möglichkeit, in die internen Märkte zu wechseln und dort von innerbetrieblichen Karriereleitern und "on-the-job-training" zu profitieren, weshalb nur für den *unstrukturierten Arbeitsmarkt kleiner Betriebe* ein negativer Einfluß auf innerbetriebliche Wechsel erwartet wird. Innerbetriebliche Abstiege dürften dabei in beiden Jedermanns-Segmenten selten vorkommen, da wohl eher eine Beendigung der Beschäftigungsverhältnisse - je nach Bedarf des Arbeitgebers - zu erwarten ist. Ein wesentliches Motiv der Arbeitgeber liegt ja gerade darin, wie wir gesehen haben, ein möglichst flexibles Segment zu institutionalisieren. Die Wahrscheinlichkeit horizontaler Mobilität müßte in großen Betrieben erhöht sein, da die Gelegenheitsstrukturen dort horizontale Wechsel ermöglichen.

Die *Betriebsgröße* müßte sich positiv auf innerbetriebliche Aufstiege auswirken, da interne Märkte mit größerer Wahrscheinlichkeit in großen Betrieben institutionalisiert sind (Becker R. 1993: 157). Darum müßte aber auch die Neigung zu überbetrieblichen Wechseln mit zunehmender Betriebsgröße sinken, da im internen Arbeitsmarkt betriebsspezifische Qualifikationen erworben werden, die nicht auf andere Betriebe übertragbar sind. Mayer und Carroll (1987: 26) fanden dagegen nur für laterale interne Wechsel einen positiven Effekt der Betriebsgröße, ansonsten wirkten große Betriebe der Mobilität insgesamt eher entgegen (vgl. auch Carroll/Mayer 1986: 334f).

Insbesondere Beamte sind aufgrund ihrer spezifischen Qualifikation an den öffentlichen Dienst gebunden, in der Privatwirtschaft sind sie in der Regel kaum verwertbar (Keller 1985: 655). Darum müßte sich der *öffentliche Dienst* negativ auf überbetriebliche bzw. überbehördliche Wechsel auswirken. Hinsichtlich innerbetrieblicher Aufstiegswahrscheinlichkeiten sind zwei konkurrierende Hypothesen denkbar. Einerseits könnten innerbetriebliche Aufstiegsraten aufgrund der institutionellen Regelung der Laufbahn erhöht sein. Andererseits hängt die Ereigniswahrscheinlichkeit auch von der Verweildauer in einem Zustand ab. Keller (ebd.: 654) zufolge könnte die insbesondere für Beamte festgesetzte Mindestverweildauer in einer Position sich im Verhältnis zur Referenzkategorie der Privatwirtschaft darum sogar negativ auf die Aufstiegsrate auswirken. Sowohl in den internen Arbeitsmärkten als auch im öffentlichen Dienst erfüllt die *Senioritätszeit* eine besondere Funktion als "Allokationsregel" (Keller 1985: 653). Da es sich dabei um einen Indikator für betriebsspezifisches Humankapital handelt, müßte die Senioritätszeit - unter Kontrolle der Zeitabhängigkeit insgesamt - nur die *inner*betriebliche Aufstiegswahrscheinlichkeit erhöhen. Allen anderen Wechselarten müßte sie entgegenwirken.

Während es sich bei der *Positionenstruktur* und der *sozialen Schließung* um makrosoziale Determinanten der Statusmobilität handelt, zeigt der durch gestrichelte Linien eingerahmte Bereich in Tabelle 9.1 theoretische Ansätze, die makro-strukturelle Gegebenheiten mit den Merkmalen der Personen verknüpfen.

Blossfelds Anwendung der modifizierten Humankapitaltheorie Tumas zur Erklärung des Effekts der Arbeitsmarktlage, deren Wandel Marktungleichgewichte hervorruft und systematisch mit den Suchkosten in Verbindung steht, beinhaltete folgende Hypothese: Je besser die *Arbeitsmarktlage* als Periodeneffekt, desto höher sind auch die Aufstiegsraten. Als Berufseintrittskohorteneffekt bewirkt eine gute Arbeitsmarktlage dagegen - relativ zu den vorhandenen Ressourcen - eine erhöhte Wahrscheinlichkeit von unerwarteten Gewinnen auf Arbeitnehmerseite, die dann im Laufe der weiteren Karriere durch Abstiegsprozesse kompensiert werden (Blossfeld 1989: 144). Dieser Zusammenhang wird auch in der vorliegenden Arbeit erwartet. Allerdings hat sich diese Hypothese in Blossfelds Analysen empirisch nicht bestätigt. Als Kohorteneffekt wirkte eine positive Arbeitsmarktlage nicht nur Auf-, sondern auch Abstiegsprozessen entgegen (ebd.). Als Periodeneffekt müßte eine gute Arbeitsmarktlage Abstiegen entgegenstehen, da zum einen die Verhandlungsposition der Arbeitnehmervertretungen besser ist, zum anderen die Marktchancen bei überbetrieblichen Wechseln besser sind und Statusverluste unwahrscheinlicher machen.

Sowohl im Vacancy Competition Modell als auch nach Tumas Ansatz dient die *Berufserfahrung* als Indikator für die Anpassung von Person und Job und sollte darum sowohl auf Abstiegs- als auch Aufstiegsraten einen negativen Einfluß haben, da sich das Auseinanderklaffen von erwartbaren und tatsächlichen Gratifikationen im Laufe der Zeit verringert hat. Daß die Berufserfahrung in der Vacancy Competition Theorie eine Proxyvariable für die Anpassung von Ausbildungs- und Statusniveau darstellt, ergibt sich empirisch bei Sørensen und Tuma (1981: 84f), in deren Modell der Einfluß der Berufserfahrung - hypothesengerecht - nach Kontrolle von Ausbildungs- und Statusniveau verschwand. Auch gemäß der neoklassischen Humankapitaltheorie wird von der Berufserfahrung ein negativer Einfluß auf Aufstiege erwartet. Nur die Begründung ist eine andere. Da die Humankapitaltheorie auf der *Mikroebene* das *Markthandeln der Akteure* betrachtet, wird die Berufserfahrung, wie wir sahen, als Indikator für das Investitionsverhalten des Arbeitnehmers aufgefaßt. Mit abnehmender Amortisierungsrate der Humankapitalinvestitionen über die Erwerbskarriere hinweg sinkt die Investitionsneigung und damit auch die Aufstiegsrate. Weil mit steigender Berufserfahrung aber ein gewisser Grundstock an Humankapital vorhanden ist, sinkt ebenfalls die Abstiegsrate.

Die Qualifikation wird von der Humankapitaltheorie als die wichtigste Ressource aufgefaßt. Je höher das *Ausbildungsniveau* - gemessen in mindestnotwendigen Ausbildungsjahren -, desto höher ist die Aufstiegsrate und desto niedriger die Abstiegsrate. Sørensen betrachtet die individuellen Ressourcen als Indikator für die Position einer Person innerhalb einer Warteschlange. Damit werden die Merkmale der Person ebenfalls unter bezug auf die Gelegenheitsstruktur betrachtet: Je höher die Qualifikation, desto günstiger ist die Person innerhalb der Warteschlange plaziert und desto wahrscheinlicher kann sie von auftretenden Vakanzen profitieren.

Hinsichtlich des Einflusses des *Geschlechts* wurde versucht, differenzierte Merkmalskonstellationen zu entwickeln, woraus sich ergeben hat, daß der eigentlich humankapitalrelevante Aspekt des Merkmals "Frau" in der Ehe- und Kinderbiographie zu verorten ist. Ist dieser Aspekt kontrolliert, liefert ein eventuell negativer Effekt für Frauen auf Aufstiege einen Hinweis für nicht-marktgesteuerte Bestimmungsgründe der Aufstiegsmobiliät von Frauen. Gemäß den aus der Familienökonomie ableitbaren Hypothesen wirkt sowohl die *Ehe* als auch die Existenz von *Kindern unter sechs Jahren* den Aufstiegschancen der Frauen entgegen. Das bedeutet allerdings nicht zwangsläufig, daß diese Frauen absteigen. Häufig führen Heirat und Kindergeburt auch zum Ausstieg der Frauen aus dem Erwerbssystem.

Von der in Tabelle 9.1 nicht angeführten *Geburtenrate*, das heißt, der Zahl der Lebendgeburten pro 1000 Einwohnern (bzw. deren jährliche Veränderung), wird ein negativer Effekt auf Aufstiege erwartet. Bei dieser Variable handelt es sich wiederum um eine makro-strukturelle Kontrollvariable, die die Karrierechancen von Personen beeinflußt. Easterlin (1980: 26) begründet seine Hypothese, daß große Geburtskohorten niedrigere Aufstiegsraten haben, da sie mit verschärfter Konkurrenz sowohl an den "entry-level" Jobs als auch im Verlauf der weiteren Karriere zu rechnen haben (vgl. insbes. auch Klein 1988).

Weil keine a priori begründete Hypothese über die Zeitabhängigkeit der untersuchten Prozesse vorlag, wurden alle Modelle als „Exponentialmodelle" geschätzt, in die zum einen die *Prozeßzeit* (t) und zum anderen der *Logarithmus der quadrierten Prozeßzeit* ($\log(t^2)$) als zeitabhängige Kovariaten einbezogen wurden.

10 Ergebnisse der Ereignisanalyse

10.1 Effekte der individuellen Ressourcen und der demographisch und ökonomisch bedingten Gelegenheitsstruktur

In Tabelle 10.1 sind zunächst die individuellen, mikrosozialen Determinanten der Aufstiegsrate dargestellt, in Tabelle 10.2 dieselben Einflüsse auf die Abstiegsrate. Im Modell 1 liefert der negative Effekt der Prozeßzeit t bei gleichzeitiger nicht-Signifikanz von $\log(t^2)$ einen Hinweis auf eine im Zeitverlauf monoton fallende Rate. Da ansonsten keine andere Kovariate kontrolliert ist, liegt es zunächst nahe, diesen Effekt auf unbeobachtete Heterogenität zurückzuführen. Im analogen Modell für Abstiege ist nicht t, sondern $\log(t^2)$ signifikant.

In den Modellen 2 bis 4 (Aufstiege) bzw. 2_1 bis 4_1 (Abstiege) werden weitere Variablen kontrolliert. Wir erhalten in Modell 2 einen höchst signifikant negativen Effekt für *Frauen* und einen signifikant positiven Effekt der *Ausbildungsdauer* für Aufstiege. *Letzeres bestätigt sowohl die Hypothese der neoklassischen Humankapital- als auch der Vacancy Competition Theorie, da die Ausbildungsdauer entweder einen Indikator für die produktiven Ressourcen als auch für die Plazierung einer Person in der Warteschlange bedeuten kann. Dieser Effekt steht ebenfalls mit Tumas modifizierter Humankapitaltheorie in Einklang, derzufolge sich die Wahrscheinlichkeit von unerwarteten Verlusten auf Arbeitnehmerseite ja mit steigendem Ausbildungsniveau erhöht.* Der negative Effekt für Frauen liefert zwar einen Hinweis auf deren Benachteiligung, es bleibt in Modell 2 allerdings noch offen, wie diese Benachteiligung zustande kommt. Zumindest haben Frauen im Modell 2_1 (Abstiege) auch geringere Abstiegsraten. Frauen sind also hinsichtlich der Wechsel der beruflichen Stellung allgemein weniger mobil als Männer. Dieser Befund ist überraschend, weil nach der Hypothese des geschlechtsspezifischen Arbeitsmarktes den Frauen eine höhere Fluktuation zugeschrieben wird. Es könnte aber auch sein, *daß die verwendete Statusskala zu konservative Kriterien für Abstiege setzt*, um für instabil beschäftigte Frauen überhaupt noch Abstiegsmöglichkeiten zuzulassen. Zumindest könnte die von Frauen erwartete erhöhte Fluktuation immer noch in erhöhter *horizontaler Mobilität* bestehen, die aus der Fragestellung im Familiensurvey explizit ausgeklammert wurde.

Der positive Effekt des Ausbildungsniveaus für Abstiege (Modell 2_1) widerspricht allen theoretischen Ansätzen, die Abstiege in ihr Modell integrieren. Tuma zufolge geht mit einem hohen Ausbildungsniveau eine erhöhte Wahrscheinlichkeit unerwarteter Verluste des Arbeitnehmers einher, die durch Auf- und nicht durch

Abstiege kompensiert werden. Auch nach der neoklassischen Humankapitaltheorie wäre es nicht erklärbar, warum hohe individuelle Ressourcen die Abstiegsrate erhöhen sollten. Durch Modell 3_1 wird sich dieses Problem lösen.

In Modell 3 wird zusätzlich der *"Prestigescore"* nach Tegtmeyer, bei dem es sich, wie wir sahen, ja eigentlich um einen Statusscore handelt, kontrolliert. Wir erhalten einen höchst signifikant negativen Einfluß auf Aufstiege, der nach der Vacancy Competition Theorie zu erwarten war. Interessant ist hier vor allem, daß der recht schwache Effekt des Ausbildungsniveaus von Modell 2 sich in Modell 3 drastisch erhöht. *Nach Modell 2 bedeutet eine Erhöhung der Ausbildungsdauer um ein Jahr - ceteris paribus - einen Anstieg der Aufstiegsrate um 2,21 % ((exp(0.0219)-1)*100) und der Effekt hat einen t-Wert*[25] *von 2,45. Nachdem die Höhe der Ausgangsposition in Modell 3 kontrolliert ist, bewirkt ein weiteres Ausbildungsjahr einen Anstieg der Rate um 16,76 % ((exp(0.155)-1)*100) und der t-Wert des Koeffizienten beträgt 14,33.* Ausbildungsniveau und Statusniveau der Ausgangsposition sind folglich stark miteinander konfundiert und das Modell 2 ohne Kontrolle des Ausgangsstatus beinhaltet darum einen sehr starken *opportunity bias*. Personen mit hohen Ressourcen haben zwar bessere Aufstiegschancen, diese Chancen werden jedoch unterdrückt durch den Effekt des hohen Statusniveaus, das hoch Gebildete in der Regel ohnehin bereits innehaben. *Der starke negative Effekt des Statusniveaus bildet die abnehmende Gelegenheitsstruktur aufgrund der exponentiellen Verteilung der Positionen ab, wie sie von der Vacancy Competition Theorie beschrieben wird. Bereits Modell 3 liefert damit einen ersten Hinweis auf die Überlegenheit der strukturzentrierten Vacancy Competition Theorie gegenüber der neoklassischen Humankapitaltheorie.* Darüberhinaus hatte die Einbeziehung des Ausgangsstatus in Modell 3 eine sprunghafte Verbesserung der Modellanpassung zur Folge, wie anhand der χ^2- verteilten Likelihood-Ratio Teststatistik (Blossfeld/Rohwer 1995: 91, Blossfeld/Hamerle/Mayer 1986: 146) verdeutlicht werden kann. Demnach ergibt sich mit

χ^2=2*(LL(aktuelles Modell 3)-LL(Referenzmodell 2))=2*((-12873,13) -(-13065,41))=384,56

bei einem Freiheitsgrad (vgl. Andreß 1992: 216) eine höchst signifikant bessere Anpassung von Modell 2 zu Modell 3. Als *opportunity bias*- Artefakt ist auch der zuvor in Modell 2_1 (Abstiege) noch enthaltene positive Effekt des Ausbildungsniveaus für Abstiege entlarvt. In Modell 3_1 (Abstiege), welches das Niveau des Ausgangsstatus enthält, hat sich das Vorzeichen umgedreht, der nun hypothesenkonforme negative Einfluß des Ausbildungsniveaus auf Abstiege ist jedoch nicht

---

[25] SAS gibt in der LIFEREG-Prozedur aufgrund eines speziellen Rechenalgorithmus für die Signifikanz der Koeffizienten nicht die t-Werte, sondern die Chi-Quadrat-Werte aus. Die t-Werte wurden darum durch Division der Koeffizienten durch ihren Standardfehler errechnet.

signifikant. Der in Modell 3_1 höchst signifikant positive Effekt des *"Prestigescores"* für Abstiege bedeutet nach Tumas Ansatz, daß mit zunehmender Statushöhe die Wahrscheinlichkeit unerwarteter Gewinne auf Arbeitnehmerseite steigt und damit eine Fehllokation eintreten kann, die der Arbeitgeber zu kompensieren versucht. Brüderl (1991: 81) zufolge "nimmt mit der erreichten Höhe auch die Wahrscheinlichkeit der Inkompetenz zu, weshalb oben mehr Degradierungen zu erwarten sind". Zwar macht die Vacancy Competition Theorie keine systematischen Aussagen über Abstiege, doch es könnte aus der pyramidalen Verteilung der Positionen auch abgeleitet werden, das die Gelegenheitsstruktur "nach unten" desto "besser" ist, je höher eine Person plaziert ist.

Tabelle 10.1: Determinanten der Übergangsraten für Aufstiege. Modelle mit zeitveränderlichen Kovariaten.

Variablen	Modell 0	Modell 1	Modell 2	Modell 3	Modell 4	Modell 5	Modell 6
Konstante	-6,2870***	-5,9751***	-5,9396***	-6,5937***	-6,3794***	-6,6362***	-6,4929***
Zeiteffekte							
Prozeßzeit t		-0,0047***	-0,0042***	-0,0046***	-0,0048***	-0,0055***	-0,0050***
log (t^e)		0,0235	0,0230	0,0383	0,0405	0,0672**	0,0669**
Individuelle Merkmale							
Haupteffekte							
Frau[1]			-0,7434***	-0,7654***	-0,8402***	-0,2925***	-0,2881***
Ausbildungsjahre			0,0219*	0,1550***	0,1376***	0,1354***	0,1359***
Prestigescore (Tegtmeyer)				-0,0166***	-0,0142***	-0,0149***	-0,0150***
Berufserfahrung					-0,0062***	-0,0070***	-0,0065***
verheiratet						0,3784***	0,4060***
Kind unter 6 Jahren						-0,0156	-0,0052
Interaktionseffekte							
Frau * verheiratet						-0,7403***	-0,7523***
Frau * Kind unter 6 Jahren						-0,7388***	-0,7559***
Strukturmerkmale							
Geburtskohorten[2]							
Kohorte 1932-37							-0,4256***
Kohorte 1938-47							-0,2714***
Kohorte 1949-57							-0,1527*
Episoden	8752	8752	8752	8752	8752	8752	8752
Subepisoden	130235	130235	130235	130235	130235	130235	130235
Ereignisse	2185	2185	2185	2185	2185	2185	2185
log-likelihood	-13360,62	-13216,87	-13065,41	-12873,13	-12808,78	-12719,43	-12702,55

* signifikant (p ≤ 0.05) ** hoch signifikant (p ≤ 0.01) *** höchst signifikant (p ≤ 0.001)
[1] Referenzkategorie: Männer
[2] Referenzkategorie: Kohorte 1958-1970
Quelle: Familiensurvey 1988, eigene Berechnungen

Der höchst signifikant negative Effekt der *Berufserfahrung* für Aufstiege in Modell 4 entspricht sowohl der neoklassischen Humankapitaltheorie als auch der Vacancy Competition Theorie. Allerdings könnte gegen die Vacancy Competition Theorie eingewandt werden, daß trotz Kontrolle von Status- und Ausbildungsniveau ein negativer Effekt für die Berufserfahrung mit einem t-Wert von immerhin 9,9 vorliegt. Vertreter der Vacancy Competition Theorie hatten ja zumindest an einigen Stellen behauptet und auch empirisch belegt (Sørensen/Tuma 1981: 85), daß die Berufserfahrung unter diesen Umständen keinen signifikanten Effekt für Aufstiege mehr hat. Eine ganze Reihe von Analysen (Becker R. 1993: 178, Carroll/Mayer 1986: 334, Mayer/Carroll 1987: 26, Blossfeld 1986: 222), darunter auch

Tabelle 10.2: Schätzungen der Übergangsraten für Abstiege. Modelle mit zeitveränderlichen Kovariaten

Variablen	Modell 0_1	Modell 1_1	Modell 2_1	Modell 3_1	Modell 4_1	Modell 5_1	Modell 6_1
Konstante	-7,6151***	-5,8626***	-6,1077***	-5,9206***	-5,4908***	-5,6337***	-5,3805***
Zeiteffekte							
Prozeßzeit t		-0,0016	-0,0013	-0,0011	-0,0014	-0,0011	-0,0001
log (t^2)		-0,1902***	-0,1906***	-0,1955***	-0,1924***	-0,1758***	-0,1703***
Individuelle Merkmale							
Haupteffekte							
Frau			-0,3528***	-0,3429***	-0,4892***	-0,4275***	-0,4310***
Ausbildungsjahre			0,0341*	-0,0212	-0,0659**	-0,0610**	-0,0588**
Prestigescore (Tegtmeyer)				0,0071***	0,0121***	0,0122***	0,0123***
Berufserfahrung					-0,0076**	-0,0069***	-0,0060***
verheiratet						-0,2965*	-0,2349
Kind unter 6 Jahren						0,1333	0,1555
Interaktionseffekte							
Frau * verheiratet						0,0270	0,0135
Frau * Kind unter 6 Jahren						-0,1822	0,2166
Strukturmerkmale							
Geburtskohorten[2]							
Kohorte 1932-37							-0,7370***
Kohorte 1938-47							-0,6491***
Kohorte 1948-57							-0,3812**
Episoden	8752	8752	8752	8752	8752	8752	8752
Subepisoden	130235	130235	130235	130235	130235	130235	130235
Ereignisse	579	579	579	579	579	579	579
log-likelihood	-4327,13	-4239,84	-4227,91	-4217,15	-4186,10	-4182,25	-4165,61

* signifikant ($p \leq 0.05$) ** hoch signifikant ($p \leq 0.01$) *** höchst signifikant ($p \leq 0.001$)
[1] Referenzkategorie: Männer
[2] Referenzkategorie: Kohorte 1958-1970
Quelle: Familiensurvey 1988, eigene Berechnungen

das hier berechnete Modell 4, kommen allerdings zu einem anderen Ergebnis, nämlich zu einem signifikant negativen Effekt der Berufserfahrung für Aufstiege. Es muß also zumindest die Teilhypothese der Vacancy Competition Theorie, daß es sich bei der Berufserfahrung um eine Proxyvariable für die Anpassung von Person und Job handelt, zurückgewiesen werden (vgl. Blossfeld 1986: 222, 1989: 143). *Es erscheint angemessener, den Effekt der Berufserfahrung mit dem von der neoklassischen Humankapitaltheorie beschriebenen Investitionsverhalten zu erklären. Weil mit zunehmender Verweildauer im Erwerbssystem die Zeit, in der von* den *"returns for further education"* (Becker R./Schömann 1996: 433) *profitiert werden kann*, abnimmt, darüberhinaus die Kosten der Investition mit zunehmenden Lebensalter und dem Alter der allgemeinen Ausbildung immer größer werden und schließlich die Opportunitätskosten, d.h., das während der Weiterqualifikation entgangene Einkommen, zunehmen, wird es immer unrentabler, in die eigenen Ressourcen zu investieren. Diese Argumentation wird außerdem Max Webers Konzept des "soziologischen Erklärens" gerecht, indem das kollektive Explanandum der abnehmenden Aufstiegsrate bei Personen mit hoher Berufserfahrung durch die subjektiven Sinnzusammenhänge - im Sinne der Wahrscheinlichkeitsdeutung im Hinblick auf die Rentabilität des Investitionsverhaltens - und das aggregierte Handeln der Akteure auf der Mikroebene begründet wird.

Modell 4_1 (Abstiege) kann bereits soziale Abstiege wesentlich realistischer erklären. Wenn man Abstiege betrachtet, kann man die *Berufserfahrung* durchaus als eine individuelle Ressource auffassen, die eine Degradierung für den Arbeitgeber unökonomisch macht. Personen mit hoher Berufserfahrung sollten nach den Nutzenkalkülen der Arbeitgeber eher enger an den Arbeitsplatz gebunden werden, da sie auch über die entsprechende "on-the-job" Praxis verfügen. Allerdings wäre dies in erster Linie ein Argument für *betriebsinterne* Arbeitsmärkte, die in den Daten des Familiensurvey jedoch nicht das einzige Segment darstellen. *Besser geeignet scheint darum die Hypothese der modifizierten Humankapitaltheorie Tumas, wenn man sie so liest, daß Fehlallokationen mit der Zahl bereits erlebter Mobilitätsprozesse immer seltener auftreten und die realisierten Gewinne den individuellen Ressourcen immer besser abgepaßt sind.* Tuma bezieht, wie wir sahen, auch explizit offene Marktbeziehungen in ihr Modell mit ein.

Vor allem aber: der negative Effekt des *Ausbildungsniveaus* in Modell 4_1 wirkt nun hoch signifikant Abstiegen entgegen. *Dieser Befund war nach der modifizierten Humankapitaltheorie von Tuma zu erwarten, derzufolge Abstiege bei unerwarteten Gewinnen auf Arbeitnehmerseite auftreten und unerwartete Gewinne sind umso unwahrscheinlicher, je größer die Ressourcen einer Person sind.*

Mit Ausnahme des Merkmals "Frau" ändern sich die Koeffizienten in Modell 5 (Aufstiege) nicht nennenswert. In diesem Modell wird zum einen *die Ehe- und Familienbiographie* kontrolliert, zum anderen hinsichtlich der Ehe- und Familienbiographie mittels *Interaktionseffekten mit dem Merkmal "Frau"* nach dem Geschlecht differenziert. Wir erhalten für Aufstiege einen positiven Haupteffekt für die zeitabhängige Variable "verheiratet" und einen wesentlich stärkeren negativen Interaktionseffekt dieser Variable mit dem Merkmal "Frau". Der Haupteffekt von "verheiratet" bezieht sich bei Kontrolle des Interaktionseffektes mit "Frau" nur noch auf verheiratete Männer (vgl. Blossfeld/Rohwer 1995: 137) (ebenso "Kind unter 6 Jahren"), die gemäß der Spezialisierungshypothese der Familienökonomie ihr Engagement für den Beruf während der Ehe intensivieren können und darum erhöhte Aufstiegsraten haben. Komplementär hierzu verhalten sich die überaus starken negativen Effekte für Aufstiege von Frauen, sowohl für verheiratete als auch für Frauen mit betreuungsbedürftigen Kindern. Die Aufstiegschancen der Männer sind durch betreuungsbedürftige Kinder hingegen nicht tangiert. *Somit ist für den Großteil der untersuchten Stichprobe wahrscheinlich, daß Männer und Frauen das klassische Modell der geschlechtsspezifischen Arbeitsteilung praktizieren, wie es nach dem familienökonomischen Ansatz zu erwarten war.*

Desweiteren fällt in Modell 5 die Abnahme des Haupteffektes von "Frau" gegenüber Modell 4 auf. Während der *Bruttoeffekt* für "Frau" in Modell 4 die Aufstiegsrate um 56,83 % senkte ((exp(-0.8402)-1)*100), bedeutet der *Nettoeinfluß* von "Frau" in Modell 5, nach geschlechtsspezifischer Kontrolle der Ehe- und Familienbiographie, nur noch eine 25,35 %ige Verringerung der Rate. *Ungefähr die Hälfte der Benachteiligung von Frauen ist somit erklärt durch Ereignisse der Kinder- und Familienstandsbiographie und resultiert wohl eher nicht aus dem "taste for discrimination" der Arbeitgeber oder aus der geschlechtsspezifischen Arbeitsmarktsegmentation.* Wir hatten ja im 6. Kapitel versucht, diese Aspekte der Benachteiligung von Frauen hinsichtlich der Aufstiegschancen analytisch zu trennen. Empirisch umsetzbar war aufgrund der Datenlage im Familiensurvey allein die Ehe- und Kinderbiographie der Frau, die nach dem familienökonomischen Ansatz ein enges Verhältnis zum weiblichen Humankapital aufweist. Die zeitabhängige Modellierung der Ehe- und Kinderbiographie durch das Episodensplitting macht den Einfluß der dem Mobilitätsereignis zeitlich vorgelagerten Prozesse relativ eindeutig meßbar. Allerdings sollte der Versuch in Modell 5, den Geschlechterbruttoeffekt in verschiedene Bestandteile zu zerlegen, mit Vorsicht betrachtet werden, da auch argumentiert werden könnte, daß die beiden letztgenannten Benachteiligungsaspekte von Frauen (Diskriminierung und Segmentation) deren Bereitschaft, sich für die Alternativrolle der Mutter und Hausfrau zu entscheiden, besonders fördern. Die Neigung zum Einstieg in die Hausfrauen- und Mutterrolle wäre dann durch die Diskriminierung oder geschlechtsspezifische Segmentation erhöht. In jedem Fall bleibt aber der negative Nettoeffekt des Merkmals "Frau" in Modell 5 und allen anderen Modellen höchst signifikant. Folglich liegt ein residualer Unteraspekt des Merkmals "Frau" vor, der durch die Ehe- und Kinderbiographie nicht erklärt werden kann. Ob es sich dabei um geschlechtsspezifische Arbeitsmarktsegmentation oder um selektive Diskriminierung handelt, muß an dieser Stelle offen bleiben.

Zur Veranschaulichung des Geschlechtereffektes wird das Modell 9 in Tabelle 10.3 verwendet, da es der Simulationsrechnung im folgenden Abschnitt zugrundeliegt. Die Merkmalskombination *"Frau"* und *"verheiratet"* bedeutet in Modell 9 für die Aufstiegsrate, in der Regel wohl wegen des Ausstiegs aus dem Erwerbsleben oder des Einstiegs in unvorteilhafte Arbeitsmarktsegmente, eine 53,87%ige Absenkung der Rate ((exp(-0,3281+0,3926-0,8385)-1)*100=-53,87) (vgl. dazu:

Blossfeld/Rohwer 1995: 138).

Tabelle 10.3: Determinanten der Übergangsraten für Aufstiege.
Modelle mit zeitveränderlichen Kovariaten.

Variablen	Modell 7	Modell 8	Modell 9	Modell 10	Modell 11	Modell 12
Konstante	-6,3832***	-6,3993***	-6,3987***	-6,3971**	-6,6293***	-6,6264***
Zeiteffekte						
Prozeßzeit t	-0,0147***	-0,01482***	-0,0148***	-0,0148***	-0,0055***	-0,0055***
log (t²)	0,0571*	0,0517*	0,0519*	0,0490*	0,0668**	0,0665**
Individuelle Merkmale						
Haupteffekte						
Frau[1]	-0,3303***	-0,3277***	-0,3281***	-0,3280***	-0,2932***	-0,2932***
Ausbildungsjahre	0,1238***	0,1240***	0,1242***	0,1226***	0,1353***	0,1353***
Prestigescore (Tegtmeyer)	-0,0147***	-0,0148***	-0,0148***	-0,0148***	-0,0150***	-0,0150***
Berufserfahrung	-0,0175***	-0,0177***	-0,0177***	-0,0179***	-0,0070***	-0,0070***
verheiratet	0,3861***	0,3918***	0,3926***	0,3910***	0,3789***	0,3790***
Kind unter 6 Jahren	-0,0060	-0,0130	-0,0133	-0,0134	-0,0159	-0,0160
Interaktionseffekte						
Frau * verheiratet	-0,8320***	-0,8390***	-0,8385***	-0,8384***	-0,7406***	-0,7413***
Frau * Kind unter 6 Jahren	-0,6593***	-0,6554***	-0,6559***	-0,6545***	-0,7390***	-0,7389***
Strukturmerkmale						
Geburtskohorten[2]						
Kohorte 1932-37	-0,0889	-0,0575	-0,0477	-0,0105	--	--
Kohorte 1938-47	-0,0829	-0,0483	-0,0565	-0,0351	--	--
Kohorte 1949-57	-0,0983	-0,0371	-0,0396	-0,0246	--	--
Berufseintrittskohorteneff.						
Arbeitsmarktlage[3]	0,0461	0,0865*	0,0877*	0,1250**	--	--
Tertiarisierungsniveau[3]	-1,2837***	-1,3168***	-1,3191***	-1,3710***	--	--
Anteil der 60-65 Jährigen	--	-0,0630	-0,0652*	-0,0937*	--	--
Veränd. d. Arbeitslosenquote	--	--	--	0,0581	--	--
Periodeneffekte						
Arbeitsmarktlage[3]	0,0411	0,0279	0,0273	0,0281	--	--
Tertiarisierungsniveau[3]	1,4537***	1,4923***	1,4925***	1,5088***	--	--
Anteil der 60-65 Jährigen	--	0,0552*	0,0547*	0,0562*	--	--
Veränd. d. Arbeitslosenquote	--	--	--	0,0009	--	--
Geburtskohorteneffekt						
Geburtenrate		--	0,0333	--	-0,0071	
Veränderung der Geburtenrate			-0,0363	-0,0552	-0,0528	-0,0495
Episoden	8752	8752	8752	8752	8752	8752
Subepisoden	130235	130235	130235	130235	130235	130235
Ereignisse	2185	2185	2185	2185	2185	2185
log-likelihood	-12633,60	-12629,09	-12628,57	-12626,76	-12718,08	-12718,03

* signifikant (p ≤ 0.05) ** hoch signifikant (p ≤ 0.01) *** höchst signifikant (p ≤ 0.001)
[1] Referenzkategorie: Männer
[2] Referenzkategorie: Kohorte 1958-1970
[3] Faktorwerte
Quelle: Familiensurvey 1988, Statistisches Bundesamt, eigene Berechnungen

Tabelle 10.4: Schätzungen der Übergangsraten für Abstiege. Modelle mit zeitveränderlichen Kovariaten

Variablen	Modell 7_1	Modell 8_1	Modell 9_1	Modell 10_1	Modell 11_1	Modell 12_1
Konstante	-5,4366***	-5,4337***	-5,4353***	-5,4552***	-5,6401***	-5,6468***
Zeiteffekte						
Prozeßzeit t	-0,0109***	-0,0110***	-0,0110***	-0,0110***	-0,0011	-0,0011
log (t)	-0,1640***	-0,1675***	-0,1678***	-0,1653***	-0,1755***	-0,1749***
Individuelle Merkmale						
Haupteffekte						
Frau[1]	-0,4692***	-0,4679***	-0,4678***	-0,4681***	-0,4275***	-0,4275***
Ausbildungsjahre	-0,0614*	-0,0612*	-0,0613*	-0,0628**	-0,0608**	-0,0612**
Prestigescore (Tegtmeyer)	0,0124***	0,0124***	0,0124***	0,0124***	0,0122***	0,0123***
Berufserfahrung	-0,0178***	-0,0181***	-0,0180***	-0,0180***	-0,0069***	-0,0069***
verheiratet	-0,2037	-0,1984	-0,2001	-0,2039	-0,2975*	-0,2985*
Kind unter 6 Jahren	0,1702	0,1627	0,1630	0,1652	0,1335	0,1340
Interaktionseffekte						
Frau * verheiratet	-0,1360	-0,1422	-0,1417	-0,1380	0,0283	0,0312
Frau * Kind unter 6 Jahren	-0,0983	-0,0940	-0,0935	-0,0958	-0,1816	-0,1809
Strukturmerkmale						
Geburtskohorten[2]						
Kohorte 1932-37	-0,6905*	-0,6840*	-0,6917*	-0,6431	--	--
Kohorte 1938-47	-0,4493	-0,4476	-0,4362	-0,4253	--	--
Kohorte 1948-57	-0,1964	-0,1675	-0,1641	-0,1283	--	--
Berufseintrittskohorteneff.						
Arbeitsmarktlage[3]	-0,0587	-0,0385	-0,0397	-0,0466	--	--
Tertiarisierungsniveau[3]	-1,4478***	-1,4813***	-1,4739***	-1,4206***	--	--
Anteil der 60-65 Jährigen	--	-0,0326	-0,0293	-0,0089	--	--
Veränd. d. Arbeitslosenquote	--	--	--	-0.0382	--	--
Periodeneffekte						
Arbeitsmarktlage[3]	-0,1607**	-0,1740**	-0,1730**	-0,1747**	--	--
Tertiarisierungsniveau[3]	1,4254***	1,4611***	1,4584***	1,4551***	--	--
Anteil der 60-65 Jährigen	--	0,0635	0,0641	0,0608	--	--
Veränd. d. Arbeitslosenquote	--	--	--	0.0000	--	--
Geburtskohorteneffekt						
Geburtenrate	--	--	--	0,0381	--	0,0234
Veränderung der Geburtenrate	--	--	0,0457	0,0334	0,0425	0,0324
Episoden	8752	8752	8752	8752	8752	8752
Subepisoden	130235	130235	130235	130235	130235	130235
Ereignisse	579	579	579	579	579	579
log-likelihood	-4139,36	-4138,25	-4138,07	-4137,63	-4182,04	-4181,92

* signifikant (p ≤ 0.05) ** hoch signifikant (p ≤ 0.01) *** höchst signifikant (p ≤ 0.001)
1 Referenzkategorie: Männer
2 Referenzkategorie: Kohorte 1958-1970
3 Faktorwerte

Quelle: Familiensurvey 1988, Statistisches Bundesamt, eigene Berechnungen

In Modell 5_1 (Abstiege) erhalten wir einen signifikant negativen Effekt der Ehe für Abstiege, der aber in Modell 9_1 nicht mehr signifikant ist. Von den geschlechterdifferenzierenden Interaktionseffekten ist weder in Modell 5_1 noch in Modell 9_1 einer signifikant. Frauen steigen aufgrund der Ehe oder der Kinderbetreuung wahrscheinlich eher aus dem Erwerbsleben aus, anstatt abzusteigen.

Nach dem familienökonomischen Ansatz bedeutet in Modell 9 der höchst signifikant positive Effekt von "verheiratet", der sich bei Kontrolle der Interaktion mit "Frau" nur auf Männer bezieht, einen Beleg für die Spezialisierungshypothese. In gleicher Weise verhält es sich mit dem Einfluß der Kinderbiographie bei den Frauen. In den Modellen 9 und 9_1 wurde also darauf abgezielt, "*generierende Mechanismen der Zuschreibung von Ungleichheiten*" aufzudecken, wie es Mayer und Blossfeld (1990: 302) einfordern. Unterstützt wird der hier als innerfamiliäre Spezialisierung bezeichnete Prozeß, so könnte man jedoch auch argumentieren, von der *Betriebsseite*, indem beispielsweise die Betriebsräte Protektionsklauseln und Zumutbarkeitsregeln für Verheiratete durchsetzen.

Modell 6 enthält zusätzlich drei *Geburtskohortendummies* mit der jüngsten Kohorte (1958-1970) als Referenzkategorie. Gegenüber der jüngsten Kohorte scheinen zunächst die älteren Kohorten geringere Aufstiegsraten zu haben, und zwar in stärkerem Maße, je älter die Kohorte ist. Das gleiche gilt für die Einflüsse der Kohortendummies auf Abstiege in Modell 6_1. In Modell 7, in dem auch die Arbeitsmarktlage und das Tertiarisierungsniveau sowohl als Perioden- als auch als Berufseinstiegskohorteneffekt kontrolliert ist, sind die Dummies der Geburtskohorten nicht mehr signifikant für Aufstiege. Bei den Abstiegen (Modell 7_1) ist nur die älteste, 1932-37 geborene Kohorte signifikant weniger abstiegsbedroht als die Referenzkategorie der jüngsten Kohorte (geboren 1958-70).

Modell 8 enthält den *Anteil der 60-65 Jährigen* an der Gesamtbevölkerung als Perioden- und Berufseinstiegskohorteneffekt, jedoch ist der Kohorteneffekt für Aufstiege erst signifikant, nachdem die Veränderung der Geburtenrate in Modell 9 kontrolliert wurde. Modell 9, welches die Grundlage für die Simulationsrechnung im Kapitel 11 liefert, wird im folgenden näher erläutert.

Zunächst ist festzustellen, daß sich die Koeffizienten der individuellen Merkmale von Modell 6 zu Modell 9, aber auch von Modell 6_1 zu Modell 9_1 (Abstiege) zwar leicht, aber nicht nennenswert verändert haben. Ausgenommen sind natürlich die Geburtskohortendummies, von denen in Modell 9 und 9_1 fast keiner mehr signifikant ist, die Berufserfahrung, deren Einfluß sich eindeutig erhöht hat, wie auch der Effekt der Prozeßzeit t. Log(t^2) ist überdies seit dem Modell 6 signifikant positiv für Aufstiege geblieben. Je mehr Heterogenität aufgeklärt wurde, desto klarer zeichnet sich für Aufstiege ein nicht-monotoner, sichelförmiger Verlauf der Zeitabhängigkeit ab, wie ihn beispielsweise Diekmann und Mitter (1984: 152) für Ehescheidungen ermittelten: Am Anfang des Prozesses steigt die Aufstiegsrate zunächst steil an und flacht dann kontinuierlich mit zunehmender Prozeßzeit wieder ab.

Dies kann als Hinweis dafür interpretiert werden, daß die *Zeitabhängigkeit der Ratenfunktion* nicht allein aus der unbeobachteten Heterogenität resultiert, sondern tatsächlich inhaltlich interpretierbar ist. Davon wird in der vorliegenden Arbeit jedoch abgesehen. Das Hauptaugenmerk der Interpretation von Modell 9 und 9_1 richtet sich auf die *Strukturmerkmale*. Der Berufseintrittskohorteneffekt der *Arbeitsmarktlage* hat einen signifikant positiven Effekt auf die Aufstiegsrate in Modell 9. Dies widerspricht den Befunden von Blossfeld (1986: 222), der einen signifikant negativen Eintrittskohorteneffekt der Arbeitsmarktlage für Aufstiege erhielt. Allerdings weicht der von Blossfeld beobachtete historische Abschnitt leicht von dem hier untersuchten ab (1945-1983 vs. 1950-1988). *In Modell 9 bedeutet der positive Einstiegskohorteneffekt der Arbeitsmarktlage darum nicht, daß unerwartete Gewinne des Arbeitnehmers wahrscheinlicher sind, die gemäß der modifizierten Humankapitaltheorie von Tuma weiteren Aufstiegschancen entgegenstehen und Abstiege fördern.* Es wäre im Gegensatz dazu möglich, daß eine gute Arbeitsmarktlage bei Berufseintritt die Chance auf ein stabiles Beschäftigungsverhältnis in einem günstigen Arbeitsmarktsegment erhöht. Komplementär dazu würde eine schlechte Arbeitsmarktlage bei Berufseinstieg eine erhöhte Wahrscheinlichkeit bedeuten, in die Sackgasse benachteiligter Arbeitsmarktsegmente zu geraten, die sich negativ auf weitere Aufstiege auswirkt. *Nicht* signifikant ist der Periodeneffekt der Arbeitsmarktlage für Aufstiege (Modell 9), obwohl das Vorzeichen, - hypothesenkonform - positiv ist.

In Modell 9_1 ist der Kohorteneffekt der *Arbeitsmarktlage* nicht signifikant für Abstiege, der Periodeneffekt hat dagegen einen hoch signifikant negativen Effekt und wirkt Abstiegen entgegen. *Je besser die Arbeitsmarktlage als Periodeneffekt ist, desto besser sind die Arbeitnehmer vor Statusverlusten geschützt.*

Die *Veränderung der Arbeitslosenquote gegenüber dem Vorjahr* (in Prozentpunkten) hatte als Einstiegskohorten- und Periodeneffekt in keinem der insgesamt berechneten Modelle einen signifikanten (Rest-)Einfluß.

Höchst signifikante Effekte für Aufstiege erhalten wir in Modell 9 für das *Tertiarisierungsniveau* als Kohorten- und Periodenwerte. Die t-Werte betragen -6,51 bzw. 7,67. Als Berufseintrittskohorteneffekt wirkt das Tertiarisierungsniveau negativ, als Periodeneffekt positiv auf die Aufstiegsrate. Erhöht man den periodenspezifischen Faktorwert der Tertiarisierung um eine zehntel Standardabweichung[26], das entspricht etwa einem Tertiarisierungszuwachs, wie er sich von 1965 bis 1967 vollzogen hat, steigt die Aufstiegsrate um $(exp(1,4925)^{0,1}-1)*100)=183,13\%$. Wie gezeigt, läßt sich Einfluß des Tertiarisierungsniveaus aus Sørensens Vacancy Com-

---

[26] Man kann bei log-linearen Zusammenhängen nicht einfach den Prozenteffekt aufgrund einer Standardabweichung, das entspricht einem Wandel, wie er sich in den 14 Jahren von 1968-1982 vollzogen hat, durch 14 dividieren, um den Prozenteffekt für ein Jahr zu erhalten. Blossfeld/Hamerle/Mayer (1986: 147f) weisen auf dieses Problem im Zusammenhang mit der Umrechnung der Berufserfahrung von Monats- zu Jahreswerten hin. Vgl. dazu auch Andreß (1992: 222).

petition Theorie herleiten, indem begründet wird, daß die Tertiarisierung mit einem Wandel der pyramidalen Form der Ungleichheitsstruktur einhergeht. Bell und Braverman lieferten jeweils unterschiedliche Hypothesen über den Zusammenhang zwischen Tertiarisierung und Ungleichheitsstruktur. Bell zufolge bedeutete der Wandel zur "Wissensgesellschaft" eine Ausweitung der pyramidalen Struktur in den oberen Bereichen, Braverman ging dagegen von einer zunehmenden Dequalifizierung und einer Ausweitung einfacher Dienstleistungspositionen aus. Der starke positive Periodeneffekt für Aufstiege ist ein Hinweis, daß sich die Gelegenheitsstruktur im Zuge der Tertiarisierung stark verbesserte und tatsächlich, wie von Bell prognostiziert, mit dem Anwachsen höher qualifizierter und statushöherer Positionen einherging. Blossfeld (1986: 221), der wie in Modell 9 der vorliegenden Arbeit, einen negativen *Kohorteneffekt* des Modernisierungsniveaus für Aufstiege erhielt, begründet diesen Befund folgendermaßen:

"(..) the higher the level of modernization, the better the entrance level (..), and the less likely are further upward moves" (ebd.: 222).

Das bedeutet nach der modifizierten Humankapitaltheorie Tumas, daß unerwartete Verluste auf Arbeitnehmerseite umso unwahrscheinlicher werden, je besser die Gelegenheitsstruktur bei Berufsbeginn ist. Ebenfalls repliziert werden konnte in Modell 9_1 der positive Periodeneffekt des Tertiarisierungsniveaus für Abstiege, der von Blossfeld allerdings nur kommentiert wird: "Modernization means more mobility overall" (Blossfeld 1986: 223).

Daraus ergibt sich aber zumindest die Einsicht, daß der moderne Dienstleistungskapitalismus neben den Gewinnern des Modernisierungsprozesses auch Modernisierungs*verlierer* hervorbringt. Bells optimistischer Entwurf der "Wissensgesellschaft" wird damit relativiert. Das sich im Zuge der Tertiarisierung stark erhöhende Abstiegsrisiko (Periodeneffekt in Modell 9_1) sollte als Indiz dafür aufgefaßt werden, daß eine moderate Auslegung Bravermans Dequalifizierungs- bzw. Polarisierungshypothese einen fruchtbaren Ansatz liefert.

Der Anteil der *potentiellen Pensionäre* hat in Modell 9 einen signifikant negativen Einstiegskohorteneffekt und einen ebenso signifikant positiven Periodeneffekt für Aufstiege. Interpretiert werden könnte der Kohorteneffekt als erhöhte Wahrscheinlichkeit von Fehlallokationen aufgrund unerwarteter Gewinne des Arbeitnehmers. Allerdings wäre nach dem Ansatz von Tuma und Blossfeld dieser Kohorteneffekt eher von der Arbeitsmarktlage zu erwarten gewesen, deren Vorzeichen jedoch positiv ist und sich damit hypothesenwidrig verhält. Einen wichtigen Hinweis liefert die Korrelation des Pensionärsanteils mit den Faktorwerten der Arbeitsmarktlage mit einem Pearsons r von immerhin 0,56, die eine Multikollinearität zwischen beiden Variablen andeutet. Eine Interpretation des Einstiegskohorteneffekts des Pensionärsanteils für Aufstiege in Modell 9 ist unter Rückgriff auf Tumas modifizierten Humankapitalansatz und Sørensens Vacancy Competition Theorie aber recht schlüssig: In Zeiten stärkerer Pensionierungsschübe entstehen vermehrt Vakanzen, die über Vakanzketten bis an die (für jedes Qualifikationsniveau spezifische) *ports of entry* gelangen[27]. Weil aber die Betriebe in Zeiten großer Pensionierungsschübe nicht die gesamte Zahl an freigesetzten Positionen intern neu besetzen können, entstehen auch auf höheren Hierarchieebenen *ports of entry*, die darum zu unerwarteten Gewinnen der Berufseinsteiger führen und weiteren Aufstiegen entgegenwirken. Dafür spricht auch die Zuweisung der Zeitreihen als "lag-Variable" (zu dem jeweiligen Wert des Vorjahres), da in den "tight systems" (White 1970) die Vakanzen eine gewisse Zeit benötigen, ehe sie an den *ports of entry* ankommen. Abstiege werden jedoch, wie es Tumas Konzept der Fehlallokationen durch unerwartete Gewinne der Arbeitnehmer vorhersagt, durch diesen Kohorteneffekt nicht erhöht, da er in Modell 9_1 (Abstiege) nicht signifikant ist.

Als Periodeneffekt ist der *Pensionärsanteil* nicht signifikant für Abstiege (Modell 9_1), aber signifikant mit positivem Vorzeichen für Aufstiege (Modell 9). *Je höher der Anteil der potentiellen Pensionäre in einer Periode, desto häufiger treten vakante Positionen auf, von denen die "Nachrücker" aufgrund der Vakanzketten profitieren. Ihre Aufstiegswahrscheinlichkeiten sind darum höher, als in Zeiten eines niedrigeren Pensionärsanteils. Damit ist eine wichtige Hypothese der Vacancy Competition Theory auf die gesamtgesellschaftliche Ebene übertragen und bewährt.* Wenn der Koeffizient auch nicht sehr stark und die *Relevanz* des Zusammenhanges trotz seiner *Signifikanz* nicht besonders groß ist (vgl. die Simulationsrechnung im nächsten Kapitel), bildet er doch in idealtypischer Weise strukturelle Bedingungen ab, die intragenerationale Aufstiegschancen unabhängig von den individuellen Merkmalen und Ressourcen der Individuen beeinflussen. Die sich ändernde altersdemographische Zusammensetzung der Bundesrepublik schlägt sich als Dimension sozialer Ungleichheit in der *Verfügbarkeit vakanter Positionen* nieder. *Damit bilden der Pensionärsanteil und das Tertiarisierungsniveau als Periodeneffekt wohl die wichtigsten Hinweise auf die Bedeutsamkeit der strukturzentrierten Vacancy Competition Theorie, deren Hypothesen sich zwar nicht in allen Details, aber insgesamt bewährt haben.* Dieser Ansatz zeichnet sich insbesondere dadurch aus, daß er Variablen und Hypothesen enthält, die vom ökonomischen Ansatz vernachlässigt werden, die aber konstitutiv für die Soziologie sind.

Schließlich enthalten die Modelle 9 (Aufstiege) und 9_1 (Abstiege) den Einfluß der Veränderung der Geburtenrate gegenüber dem Vorjahr. Die Vorzeichen so-

---

[27] Allerdings liegen im Datensatz des Familiensurvey 1988 nicht nur Positionen in "tight systems" im Sinne Whites vor, sondern angesichts der Unmöglichkeit einer Kontrolle der Wochenarbeitsstunden auch die "matchmaking systems" der "freien" Marktbeziehungen.

wohl für Auf- als auch für Abstiege sind zwar hypothesenkonform: Easterlin zufolge sind große Geburtsjahrgänge in ihren Karrieren gegenüber kleinen benachteiligt. Beide Koeffizienten sind aber nicht signifikant. Die Irrtumswahrscheinlichkeit der jahresweisen Veränderung der Geburtenrate beträgt in Modell 11, in das die Zeitreihenwerte nicht miteinbezogen wurden, allerdings nur 9,87%. Künftige Analysen sollten darum nicht davon ausgehen, daß der Easterlin-Effekt widerlegt ist, sondern den empirischen Nachweis im Rahmen alternativer Modellkonstruktionen zu erbringen versuchen.

Zusammenfassend läßt sich für die Modelle 1 bis 12 bzw. 1_1 bis 12_1 sagen, *daß der Einfluß der individuellen Ressourcen und der Fähigkeit zur Marktkonkurrenz auf die Aufstiegsrate natürlich vorhanden sind und durch humankapitaltheoretische Überlegungen recht gut erklärt werden.* Die mikrosozialen Determinanten der Statusmobilität müssen darum auch Gegenstand von Ansätzen sein, die die Akteure und deren Sinnzusammenhänge in den Mittelpunkt stellen. Werden die Allokationsmechanismen des Marktes a priori vorgefunden, erscheint es angemessen, das Bestreben nach Nutzenmaximierung als allgemeine "Gesetzmäßigkeit der Selektion" (Esser 1993: 100) für das Handeln zugrunde zu legen. Die Maximierung von materiellen und ideellen Gratifikationen wird größtenteils über das Markthandeln und die Marktkonkurrenz reguliert. Wichtig ist aber, daß dies nur partiell der Fall ist. *Vor allem der Periodeneffekt des Pensionärsanteils, der eine Operationalisierung der vakanztheoretischen Hypothesen auf der gesamtgesellschaftlichen Ebene darstellt, und, in seinem Einfluß wesentlich stärker, der Effekt des Tertiarisierungsniveaus, sind Bedingungen, die als Gelegenheitsstruktur Aufstiegschancen und Abstiegsrisiken beeinflussen.*

10.2 Effekte der individuellen Ressourcen und der durch soziale Schließung abgeschotteten Arbeitsmarktsegmente

Tabelle 10.5 zeigt die Ergebnisse der Modelle 14 bis 16 (bzw. 14_1, 14_2 bis 16_1, 16_2). Die Auswertungen erfolgten auf Grundlage der Erhebung der Geburtskohorten 1929-31, 1939-41 und 1949-51, die im Rahmen des Projektes "Lebensverläufe und sozialer Wandel" des Max-Planck Instituts für Bildungsforschung Berlin (MPIBB) durchgeführt wurde. Anhand dieser Daten ist eine Unterscheidung nach der Art des (Job-)Wechsels möglich, der entweder innerhalb eines Betriebes oder zwischen Betrieben stattfinden konnte. Weil außerdem nicht Wechsel der beruflichen Stellung erfragt wurden, wie im Familiensurvey, sondern alle Tätigkeitswechsel nach ISCO, beinhalten die Daten auch Informationen über horizontale Mobilität. Allerdings mußte von einer Modellierung innerbetrieblicher Abstiege abgesehen werden, da nach der "Prestigeskala" von Tegtmeyer nur 17 Ereignisse vorlagen. Sørensen, der seine Vacancy Competition Theorie ursprünglich für innerbetriebliche Aufstiege formulierte, ist folglich zuzugestehen, daß er Abstiege nicht in sein Modell integrierte. Das bedeutet für die Interpretation der Abstiege, daß auch das Modell 14_1 für Abstiege insgesamt eigentlich nur marktvermittelte, überbetriebliche Abstiege abbildet und sich von Modell 16_1 kaum unterscheidet.

In Tabelle 10.5 fällt zunächst auf, daß die Koeffizienten der individuellen Merkmale in bezug auf die Modelle 5 bis 13 (Aufstiege) und 5_1 bis 13_1 (Abstiege), die anhand des Familiensurvey 1988 berechnet wurden, recht gut repliziert werden. Damit ist eine Brücke geschaffen, die den eigenständigen Effekt der Segmentation ohne die mit den individuellen Merkmalen einhergehenden Kollinearitätsrisiken herausarbeitbar macht. Allerdings ist der negative Interaktionseffekt "Frau*Kind unter 6" nicht mehr signifikant für Aufstiege. Eventuell resultiert dieser Befund aus der in den Analysen der Lebensverlaufsdaten des MPIBB ermöglichten Kontrolle der wöchentlichen Arbeitsstunden, da die folgenden Analysen sich nur auf Vollzeit-Erwerbstätige beziehen (vgl. Abschnitt 8.2).

Der *"Prestigescore"* nach Tegtmeyer wirkt höchst signifikant allen Arten von Aufstiegen entgegen und erhöht ebenso höchst signifikant die überbetriebliche Abstiegswahrscheinlichkeit und die Abstiegswahrscheinlichkeit insgesamt. In gleicher Weise wirkt er der überbetrieblichen horizontalen Mobilität (Modell 16_2) und der horizontalen Mobilität insgesamt (Modell 14_2) entgegen, während er für innerbetriebliche horizontale Wechsel (Modell 15_2) nicht signifikant ist. Allerdings ist die Anzahl der Ereignisse bei innerbetrieblichen, horizontalen Wechseln wesentlich geringer. Erklärungsbedürftig bleibt nur noch (vgl. Abschnitt 10.1) der Einfluß auf die horizontale Mobilität, die in der Tendenz mit zunehmender Statushöhe abnimmt. Setzt man gemäß der Vacancy Competition Theorie eine pyramidale Verteilung der Positionen voraus, wird natürlich mit steigendem Statusniveau auch die Wahrscheinlichkeit, eine gleichwertige Alternativposition zu finden, immer geringer. *Außerdem erfordern statushohe Positionen oftmals sehr spezifische Qualifikationen, weshalb es für Personen mit hohem Statusniveau schwierig ist, über den "freien Markt" eine adäquate Position zu finden. Empirisch schlägt sich dieser Sachverhalt in dem höchst signifikant negativen Effekt des Tegtmeyer Scores in Modell 16_2 (horizontal überbetrieblich) nieder.*

Für die *Berufserfahrung* kann zusammenfassend gesagt werden, daß sie jede mögliche Form der Mobilität senkt und für das *Ausbildungsniveau*, daß es alle Arten von Aufstiegen stark fördert und Abstiegen ebenso stark entgegenwirkt. Diese Effekte wurden bereits im vorhergehenden Abschnitt interpretiert. Bezüglich der horizontalen Mobilität ist das Ausbildungsniveau nur bei überbetrieblichen Wechseln signifikant negativ. *Dies ist auch plausibel, denn Hochgebildeten werden in der Regel von der Betriebsleitung höhere Anreize angeboten, im Betrieb zu verbleiben.*

Als Indikator für das Senioritätsprinzip bei innerbetrieblichen Wechseln dient die *Senioritätszeit*. Insbesondere für innerbetriebliche Aufstiege - speziell im öffentlichen Dienst - war ein positiver Effekt der Senioritätszeit zu erwarten, da sie in den geschlossenen, von den Marktprinzipien abgeschotteten Arbeitsmärkten den eigentlichen Allokationsmechanismus darstellt. In den Modellen 14 (Aufstiege gesamt) und 16 (Aufstiege überbetrieblich) hat sie einen höchst signifikant negativen Effekt. Für innerbetriebliche Aufstiege (Modell 15) ist sie, wie erwartet, positiv, jedoch nicht signifikant (die Irrtumswahrscheinlichkeit beträgt 23,4%). Daß die Senioritätszeit *über*betrieblichen Aufstiegen entgegenwirkt, ergibt sich aus Logik der innerbetrieblichen Anreizstruktur, die den Erwerb von betriebsspezifischen Qualifikationen belohnt. Überbetriebliche Wechsel würden mit fortgeschrittener Investition in betriebsspezifische Fertigkeiten mit größerer Wahrscheinlichkeit Verluste an Gratifikationen bedeuten, da diese Fertigkeiten in anderen Betrieben nicht verwertbar sind. Mit fortschreitender betriebsspezifischer Qualifikation kommt es entweder zu *inner*betrieblichen Aufstiegen oder aber zu einer immer engeren Verbindung von Person und Job. Der negative Effekt der Senioritätszeit bei Aufstiegen insgesamt (Modell 14) entsteht dadurch, daß die Zahl der überbetrieblichen Wechsel, bei denen sich der Effekt ja hypothesengerecht verhält, die Zahl der betriebsinternen Wechsel stark überwiegt. Da die Variable einen Indikator für die erworbenen betriebsspezifischen Qualifikationen und damit für die verwertbaren Ressourcen darstellt, nehmen folgerichtig auch die *Abstiegs*wahrscheinlichkeiten mit zunehmender Senioritätszeit ab (Modelle 14_1 und 16_1).

Daß mit zunehmender Verweildauer in einem Betrieb auch die Wahrscheinlichkeit steigt, einen horizontalen innerbetrieblichen Wechsel zu erleben (Modell 15_2), könnte daran liegen, daß die verwendete "Prestigeskala", die aus den beruflichen Stellungen hergeleitet wurde, zu grob ist, um kleinere Gratifikationszuwächse abzubilden. Wenn Aufstiege nach dem Senioritätsprinzip nur sehr geringe Statuszuwächse bedeuten, wäre die Anzahl der Aufstiegsereignisse (zugunsten der horizontalen Bewegungen) unterschätzt. Damit wäre zumindest auch die fehlende Signifikanz der Senioritätszeit für innerbetriebliche Aufstiege (Modell 15) zu erklären. Die abnehmende überbetriebliche horizontale Mobilität (Modell 16_2) bei zunehmender Senioritätszeit steht wiederum mit dem Erwerb betriebsspezifischer Qualifikationen im Zusammenhang, die die Wahrscheinlichkeit von Gratifikationsverlusten bei Verlassen des Betriebes erhöht.

Die Aufstiegsraten von *Frauen* sind insgesamt (Modell 14) hoch signifikant *niedriger* als die der Männer. Ähnliches gilt für innerbetriebliche Aufstiege (Modell 15). Da sowohl die überbetrieblichen Abstiege (Modell 16_1) als auch die horizontale Mobilität insgesamt und innerhalb von Betrieben bei den Frauen mindestens signifikant seltener auftritt, läßt sich für Frauen sagen, daß sie - unter Kontrolle des unstrukturierten Arbeitsmarktsegments - immobiler sind, als Männer.

Die Interaktionseffekte der *Kinder- und Ehebiographie* mit dem Merkmal *"Frau"* verhalten sich wie im vorhergehenden Abschnitt 10.1 besprochen, mit dem Unterschied, daß sie für Aufstiege in Modell 14 und 15 für die Ehe-, nicht aber für die Kinderbiographie signifikant sind. In bezug auf die überbetrieblichen Aufstiege (Modell 16) ist keine der beiden Interaktionsvariablen signifikant. Der Einfluß einer Ehe von Frauen wirkt sich darum insbesondere auf innerbetriebliche Aufstiege negativ aus. Carroll und Mayer (1986: 334) lieferten ebenfalls den Befund, daß Frauen geringere *Wechsel*raten innerhalb von Betrieben hatten als Männer und nahmen ihn als Hinweis dafür, "that they are passed over for promotions, or perhaps, that they occupy positions without extensive career ladders" (ebd.). Die Ehe- und Kinderbiographie hatten sie allerdings nicht kontrolliert. Das Vorliegen der Merkmalskombination "Frau" und "verheiratet" bewirkt nach Modell 15 eine Reduzierung der innerbetrieblichen Aufstiegswahrscheinlichkeit um 30,07% ((exp(-0,5188+0,9994-0,8384)-1)*100=-30,07) (vgl. Blossfeld/Rohwer 1995: 138, Anm. 24). Bei Aufstiegen insgesamt (Modell 14) ist dieser Effekt geringer mit 11,38% ((exp(-0,3052+0,6794-0,4951)-1)*100=-11,38).

Von den *Geburtskohortendummies* ist keines signifikant. Es ist bei retrospektiv erhobenen Daten jedoch immer geboten, die Kohorten zu kontrollieren, um einem sample selection bias entgegen zu wirken. Dieser bias entsteht unter Umständen zum einen dadurch, daß die Größenverhältnisse der Kohorten in den Daten der Lebensverlaufsstudie untereinander nicht repräsentativ sind (vgl. Kapitel 8, Abschnitt 2) und zum zweiten dadurch, daß die jüngeren Kohorten sich eher am Anfang ihrer Karrieren befinden und sich darum besser an die biographischen Ereignisse erinnern können (vgl. Brüderl 1991: 95, Anm. 8).

Die (logarithmierte) *Betriebsgröße* stellt den ersten Indikator der strukturellen Bedingungen der Statusmobilität dar. Aufgrund der günstigeren Gelegenheitsstruktur in großen Betrieben müßten dort die innerbetrieblichen Aufstiegsraten (Modell 15) erhöht sein. Es ist vor allem theoretisch leicht einsichtig, daß in großen Betrieben die Wahrscheinlichkeit innerbetrieblicher Aufstiege erhöht ist, da die Gelegenheitsstruktur günstiger und das Auftreten von Vakanzen wahrscheinlicher ist. Allerdings ist der Effekt bei einer Irrtumswahrscheinlichkeit von 8,6% nicht signifikant. Ansonsten wirkt die Betriebsgröße Abstiegen (Modelle 14_1 u. 16_1) höchst signifikant entgegen, da die Arbeitnehmer dazu tendieren, in den sicheren betriebsinternen Arbeitsmärkten verbleiben. Die geschlossenen Positionen in den internen Arbeitsmärkten, die in größeren Betrieben mit höherer Wahrscheinlichkeit anzutreffen sind (Becker R. 1993: 157), bieten damit einen Schutz gegen Statusverluste. *Somit erhalten die Arbeitnehmer als Folge der sozialen Schließung ihrer Positionen, die, wie wir sahen, durch ein Austauschverhältnis mit dem Arbeitgeber möglich wird, nicht nur leicht erhöhte Aufstiegsmöglichkeiten, sondern vor allem eine erhöhte Sicherheit, nicht abzusteigen.* Innerhalb großer Betriebe ist auch die horizontale Mobilität erhöht (Modell 15_2), da die Wahrscheinlichkeit einer vakanten statusgleichen Position mit der Betriebsgröße steigt. Da der Koeffizient mit einer Irrtumswahrscheinlichkeit von 5,07% die Schwelle zur Nichtsignifikanz knapp überschritten hat, erscheint der Stern dort in Klammern. Es bleibt allerdings offen, worin die *Ursache* dieser Mobilität besteht. Geht man davon aus, daß der Arbeitnehmer oder die Arbeitnehmerin freiwillig innerhalb des Betriebes den Job wechselte, beinhaltet dieser Wechsel einen subjektiven Nutzen*zuwachs*, der mit der Tegtmeyer- "Prestigeskala" nicht gemessen werden kann. Andernfalls, wenn der Wechsel nicht freiwillig vollzogen wurde, ist er durch innerbetriebliche Personalumschichtungen begründet, die unter Umständen mit (subjektiven oder objektiven) Gratifikations*verlusten* einhergehen, die mit der Skala ebenfalls nicht gemessen werden können. Mit einer Irrtumswahrscheinlichkeit von nur 5,09 % ergibt sich folgerichtig ein negativer Effekt der (logarithmierten) Betriebsgröße für horizontale Mobilität insgesamt (Modell 14_2), der sich aus dem positiven innerbetrieblichen Effekt (Modell 15_2) und dem negativen überbetrieblichen Effekt (Modell 16_2) zusammensetzt, wobei die Anzahl der überbetrieblichen Wechsel die der innerbetrieblichen Wechsel deutlich überwiegt.

Die Koeffizienten der *Arbeitsmarktsegmentation* sind auf die Referenzkategorie der *strukturierten Arbeitsmärkte der Privatwirtschaft* zu beziehen. Im öffentlichen Sektor sind Aufstiege insgesamt mit einer Irrtumswahrscheinlichkeit von 9,45% zwar nicht signifikant erhöht (Modell 14), doch die Differenzierung nach inner- und überbetrieblichen Aufstiegen offenbart die spezifischen Allokationsmechanismen im *öffentlichen Dienst*: dem höchst signifikant *positiven* Effekt des öffentlichen Dienstes für *inner*betriebliche Aufstiege (Modell 15) entspricht komplementär ein signifikant *negativer* Effekt für *über*betriebliche Aufstiege (Modell 16). Im Verhältnis zu den strukturierten Arbeitsmärkten der Privatwirtschaft, in Modell 15 insbesondere zu den privatwirtschaftlichen betriebsinternen Märkten, bedeutet die Teilhabe an der institutionellen Struktur des öffentlichen Dienstes eine Steigerung der innerbetrieblichen Aufstiegsrate um immerhin 113,78% ((exp(0,7599)-1)*100=113,78). Dies ist ein Hinweis darauf, daß im öffentlichen Dienst trotz der für Beamte normalerweise festgesetzten Mindestverweildauer in einer Position die *Sicherheit* des Aufstiegsereignisses die innerbetriebliche Aufstiegsrate erhöht. Der negative Effekt auf überbetriebliche Aufstiege - im öffentlichen Dienst sind dies Aufstiege, die mit einem Wechsel des Dienstherren einhergehen - kommt dadurch zustande, daß die Arbeitnehmer relativ eng an ihren Dienstherren gebunden sind bzw. Wechsel des Dienstherren selten vorkommen. Keller, der davon ausgeht, daß interne Arbeitsmärkte typisch sind für den öffentlichen Dienst (Keller 1985: 651), bringt diesen Sachverhalt auf den Punkt:

"Eine charakteristische Folge interner Märkte besteht darin, daß die interne Mobilitätsrate hoch, die externe hingegen niedrig ist" (ebd.: 654).

Der öffentliche Dienst bedeutet gegenüber der Privatwirtschaft auch einen Schutz vor Abstiegen (Modelle 14_1 und 16_1). Die rechtlich-institutionelle Struktur des öffentlichen Dienstes läßt Abstiege eigentlich nur bei Disziplinarmaßnahmen zu, da ausgesprochene Beförderungen im nachhinein kaum zurückgenommen werden können (Keller 1985: 654). Der negative Effekt des öffentlichen Dienstes auf die horizontale Mobilität insgesamt (Modell 14_2) setzt sich wiederum zusammen aus einem höchst signifikant negativen Effekt für übertriebliche Wechsel (Modell 16_2) und einem hoch signifikant positiven Effekt für Wechsel bei demselben Dienstherren (Modell 15_2). Letzteres könnte damit zusammenhängen, daß im öffentlichen Dienst verglichen mit der Privatwirtschaft eher die Möglichkeit besteht, den Arbeitnehmer zu neuen Tätigkeiten abzuordnen, ohne ihn zu befördern oder seinen bereits erreichten Status anzutasten. Zumindest traten horizontale innerbetriebliche Wechselereignisse auch in den Analysen von R. Becker (1993: 177, 187) im öffentlichen Dienst relativ häufiger auf, als in der Privatwirtschaft. Im öffentlichen Dienst endeten bei ihm von 1234 Episoden 210 mit horizontalen Wechseln (17,01%), während in der Privatwirtschaft von 5283 Episoden 504 horizontale Mobilitätsereignisse eintraten, das sind nur 9,54% (ebd.).

Schließlich muß der Einfluß der Tatsache interpretiert werden, daß eine Person zu der durch soziale Schließung ausgegrenzten Gruppe gehört. Soziale Schließung in den internen Arbeitsmärkten und in der institutionellen Struktur des öffentlichen Dienstes bezieht sich immer auf eine Gruppe von Personen, deren Zugang zu den monopolisierten ökonomischen Chancen (Weber 1972: 202) eingeschränkt ist. Sozial geschlossen sind in ähnlicher Weise auch die berufsfachlichen Arbeitsmärkte:

"Der Zugang zum beruflichen Teilmarkt ist prinzipiell beschränkt. Zutritt haben nur diejenigen, die die erforderliche zertifizierte Qualifikation vorweisen können" (Sengenberger 1987: 127).

Somit ist die Marktkonkurrenz in berufsfachlichen Teilmärkten eingeschränkt. Dagegen ist der Bereich, der sich durch keinerlei soziale Schließung abschotten kann, nahezu vollständig von den Allokationsmechanismen des Marktes beherrscht. Sengenberger nannte diesen Bereich, wie im 5. Kapitel erläutert wurde, auch den unstrukturierten Arbeitsmarkt bzw. den Jedermannsarbeitsmarkt.

Hinsichtlich der *unstrukturierten Arbeitsmärkte* wurde nochmals unterschieden zwischen kleinen und großen Betrieben. Gegenüber der Referenzkategorie der strukturierten Arbeitsmärkte der Privatwirtschaft wirken sich sowohl die unstrukturierten Märkte kleiner Betriebe als auch die unstrukturierten Märkte großer Betriebe signifikant negativ auf Aufstiege insgesamt aus (Modell 14). Ist eine Person beispielsweise Teil des unstrukturierten Arbeitsmarktes in einem kleinen Betrieb, ist ihre Aufstiegswahrscheinlichkeit im Verhältnis zur Referenzkategorie um 28,45% ((exp(-0,2504)-1)*100)=-28,45) geringer.

Bei der Unterscheidung nach Art der Wechsel fällt auf, daß nur der (negative) Koeffizient bei den *über*betrieblichen Aufstiegen in großen Betrieben in Modell 16 signifikant ist. In unstrukturierten Arbeitsmärkten großer Betriebe besteht immerhin die Möglichkeit, nach einer gewissen Zeit in die betriebsinternen Märkte zu Wechseln und dann von den innerbetrieblichen Vakanzketten zu profitieren (Blossfeld/Mayer 1988: 271). Darum ist der Effekt unstrukturierter Märkte großer Betriebe auch nicht signifikant negativ für *inner*betriebliche Aufstiege (Modell 15), sondern nicht signifikant mit positivem Vorzeichen. Hier deutet sich ein Kompositionseffekt an bestehend aus dem Jedermannsarbeitsmarkt und den Übergängen in den betriebsinternen Arbeitsmarkt.

Tabelle 10.5: Schätzungen der Übergangsraten für intragenerationale Statusmobilität der Geburtskohorten 1929-31, 1939-41 und 1949-51. Modelle mit zeitveränderlichen Kovariaten.

Variablen	Aufstiege			Abstiege			horizontale Mobilität		
	Mod. 14: gesamt	Mod. 15: inner-betrieblich	Mod. 16: über-betrieblich	Mod. 14_1: gesamt	Mod. 15_1: inner-betrieblich	Mod. 16_1: über-betrieblich	Mod. 14_2: gesamt	Mod. 15_2: inner-betrieblich	Mod. 16_2: über-betrieblich
Konstante	-3,3401***	-5,1285***	-3,6181***	-1,7619***	—	-1,6376**	-0,2167	-3,3313***	-0,0617
Zeiteffekte									
Prozeßzeit t	0,0018	0,0062*	0,0046**	0,0082***	0,0090***	0,0030**	-0,0144***	0,0000
log (t²)	-0,3330***	-0,2522***	-0,3438***	-0,4189***	-0,4122***	-0,4826***	-0,3699***	-0,4975***
Individuelle Merkmale									
Haupteffekte									
Prestigescore (Tegtmeyer)	-0,0205***	-0,0175***	-0,0224***	0,0137***	0,0131***	-0,0035***	0,0012	-0,0041***
Berufserfahrung	-0,0060***	-0,0078***	-0,0053***	-0,0057***	-0,0052***	-0,0056***	-0,0091***	-0,0051***
Ausbildungsjahre	0,1455***	0,1076***	0,1722**	-0,1316**	-0,1487***	-0,0243	-0,0028	-0,0354*
Frau¹	-0,3052*	-0,5188*	-0,2386	-0,3356	-0,4068*	-0,1658**	-0,5494**	-0,1087
verheiratet	0,6794***	0,9994***	0,5091**	0,5041**	0,4854*	0,1799**	0,5997***	0,0665
Kind unter 6 Jahren	-0,1843	-0,1662	-0,1934	-0,5616**	-0,6550**	-0,2127**	-0,5724**	-0,0897
Senioritätszeit	-0,0050***	0,0025	-0,0092**	-0,0117***	-0,0133***	-0,0005	0,0090***	-0,0040***
Interaktionseffekte									
Frau * verheiratet	-0,4951*	-0,8384*	-0,3720	0,0329	0,4110	0,7584***	1,1126***	0,7077***
Frau * Kind unter 6 Jahren	-0,3743	-0,2757	-0,3876	0,3872		-0,2925*	-0,3514	-0,3292*
Arbeitsmarktsegmente³									
öffentlicher Sektor	0,1695	0,7599***	-0,3303*	-0,5969**	-0,5887**	-0,1892**	0,3594***	-0,4034***
unstrukturiert (<200 Mitarb.)	-0,2504*	-0,4431	-0,2316	-0,4655*	-0,4643*	0,1745**	-0,0128	0,1597**
unstrukturiert (200+ Mitarb.)	-0,3955*	0,0124	-0,6563**	-0,6191	-0,7877	0,1136	0,3768	0,0423
Kohorte 1939-41²	0,0706	-0,0964	0,1582	-0,2136	-0,1558	-0,0969	-0,0918	-0,0969
Kohorte 1949-51²	-0,1358	-0,1776	-0,0983	-0,1748	-0,0846	-0,0851	-0,0405	-0,0922
(log) Betriebsgröße	0,0117	0,0474	-0,0446*	-0,1156**	-0,1126**	-0,0211 (*)	0,0460 (*)	-0,0378**
Episoden	4278	4278	4278	4278	4278	4278	4278	4278
Subepisoden	8894	8894	8894	8894	8894	8894	8894	8894
Ereignisse	791	259	532	297	17	280	2080	381	1699
log-likelihood	-2786,65	-1175,67	-2045,55	-1310,92	—	-1243,69	-5325,73	-1599,86	-4612,00

* signifikant (p ≤ 0,05)   ** hoch signifikant (p ≤ 0,01)   *** höchst signifikant (p ≤ 0,001)

¹ Referenzkategorie: Männer   ² Referenzkategorie: Kohorte 1929-31, jeweils Geburtskohorten
³ Referenzkategorie: Strukturierter Arbeitsmarkt (berufsfachlich und betriebsintern) in der Privatwirtschaft

Quelle: Lebensverlaufsstudie, eigene Berechnungen

Graphik 10.2:

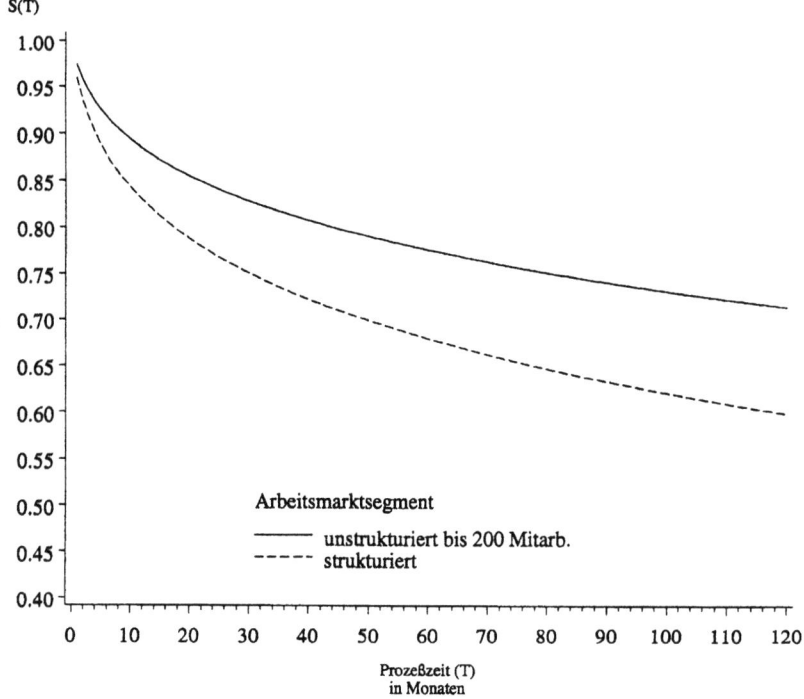

Survivorfunktionen für Aufstiege insgesamt
Effekt der Arbeitsmarktsegmentation für unqualifizierte Frauen

Graphik 10.2 bildet für eine ausgewählte Personengruppe (Angelernte Arbeiterinnen mit Hauptschulabschluß ohne Ausbildung, 5 Jahre Berufserfahrung, Betriebszugehörigkeitsdauer von 7 Monaten, verheiratet ohne Kind, in einem Betrieb mit weniger als 200 Mitarbeitern) exemplarisch den Einfluß des unstrukturierten Arbeitsmarktes kleiner Betriebe auf Aufstiege *insgesamt* ab (Modell 14). Der Unterschied bezüglich des Anteils der aufgestiegenen angelernten Arbeiterinnen nach 10 Jahren Prozeßzeit resultiert immerhin zu mehr als 10% nur aus der Zugehörigkeit zum jeweiligen Arbeitsmarktsegment. Die Referenzkategorie bilden nach Modell 14 angelernte Arbeiterinnen in strukturierten, da internen Arbeitsmärkten großer privatwirtschaftlicher Betriebe, da der berufsfachliche Arbeitsmarkt für diese Personengruppe per Definition nicht in Frage kommt (vgl. Kapitel 8, Abschnitt 2).

Der Einfluß der *unstrukturierten Arbeitsmärkte* auf Abstiege ist etwas schwierig zu interpretieren. Wir erhalten in den Modellen 14_1 und 16_1 auch jeweils negative Einflüsse auf die Abstiegsrate. Man sollte bei der Interpretation dieser Befunde allerdings bedenken, daß die verwendete "Prestigeskala" von Tegtmeyer aus der Primärklassifikation der beruflichen Stellungen gebildet wurde und damit eine recht konservative Definition der Mobilitätsereignisse beinhaltet.

Da neben der fehlenden Qualifikation das wichtigste Merkmal der unstrukturierten Arbeitsmärkte darin besteht, daß sich die Personen bereits auf der beinahe untersten Ebene der Statushierarchie befinden, sind natürlich per Definition auch ihre Möglichkeiten begrenzt, abzusteigen. Daran ändert auch die Kontrolle des Ausgangsstatus nichts. Weil als einziges Verbindungsglied zwischen Person und Position in den unstrukturierten Arbeitsmärkten nur noch der "cash nexus", die Regulierungsmodi des "freien Marktes" wirksam sind, hatten wir eine erhöhte horizontale überbetriebliche Mobilität in den unstrukturierten Arbeitsmärkten erwartet. Weil in diesem Segment sehr häufig nur befristete Verträge ausgestellt werden und keinerlei Kündigungsschutz besteht, ist zu erwarten, daß die Arbeitnehmer bei Verlassen der Position auch zugleich den Betrieb verlassen und der unstrukturierte Arbeitsmarkt darum keinen Einfluß auf die innerbetriebliche horizontale Mobilität haben sollte (Modell 15_2). Das ist auch der Fall: weder in großen noch in kleinen Betrieben bewirkt der unstrukturierte Arbeitsmarkt eine erhöhte horizontale Mobilität innerhalb des Betriebes. *Die erhöhte Fluktuation, die wir für die unstrukturierten Märkte erwartet hatten, spielt sich darum auf dem "freien Markt" ab.* Das positive Vorzeichen des unstrukturierten Marktes kleiner Betriebe für horizontale Mobilität insgesamt ist in Modell 14_2 (horizontale Mobilität insgesamt) darum auch in erster Linie ein Effekt der *über*betrieblichen Wechsel aus kleinen Betrieben, da der Koeffizient für innerbetriebliche horizontale Wechsel in unstrukturierten Märkten kleiner Betriebe nur sehr klein und nicht signifikant ist.

Zusammenfassend läßt sich darum sagen, daß sich die Kapitel 9 formulierten Hypothesen größtenteils bestätigt haben. Vor allem die Effekte der sozialen Schließung in den segmentierten Arbeitsmärkten verhalten sich gemäß den aus den theoretischen Ansätzen hergeleiteten Hypothesen.

Soziale Schließung erzeugt abgeschottete Bereiche, in denen aus der Sicht der Arbeitnehmer die Karrierechancen monopolisiert und den Risiken der Marktkonkurrenz weitgehend entzogen sind. Das bedeutet in bezug auf die eingangs formulierte Fragestellung, wie wir am Beispiel der angelernten Arbeiterinnen ohne Ausbildung sahen, daß die Zugehörigkeit zu einer der geschlossenen Institutionen - interner Arbeitsmarkt oder öffentlicher Dienst - die Chance auf Statusgewinne deutlich erhöht, vor allem aber mit einem Schutz vor beruflichen Abstiegen einher geht.

11 Wie wären die Mobilitätsprozesse unter anderen Kontextbedingungen verlaufen? Zwei Ergebnisse der Mikrosimulation

Im vorhergehenden Kapitel 10 wurde auf die Einflüsse der strukturellen Kontextbedingungen hingewiesen. Im Vordergrund standen zum einen die Einflüsse des demographischen und sozio-ökonomischen Wandels der Bundesrepublik Deutschland von 1950-1988, zum anderen strukturelle und institutionelle Kontextbedingungen, die infolge von sozialen Schließungsprozessen auf dem Arbeitsmarkt entstanden sind.

Um die Relevanz der signifikanten Einflüsse *sozialer Wandlungsprozesse* auf die Mobilitätsraten zu beurteilen, bietet sich insbesondere das Verfahren der Mikrosimulation (Schnell 1991: 145, Klein 1991) an. Mit Hilfe einer Mikrosimulation auf Basis der geschätzten Übergangsratenmodelle ist es möglich, durch die künstliche Manipulation bestimmter Einflußfaktoren Szenarien zu konstruieren, in denen bestimmte makrosoziale Entwicklungstendenzen anders verlaufen, als in der Realität. Insbesondere hinsichtlich der Einflüsse des demographischen und sozio-ökonomischen Wandels, auf den das Hauptaugenmerk in Modell 9 gerichtet war, hat dieses Verfahren besondere Vorteile.

Damit die Bedeutung des sozialen Wandels angemessen verstehbar wird, kann mit Hilfe der Mikrosimulation eine Art *"Referenzkategorie"* zum real eingetretenen Wandel konstruiert werden. Die Effekte des sozialen Wandels offenbaren sich in ihrer Bedeutung erst dann, wenn sie mit einem Szenario verglichen werden können, in dem dieser Wandel ab einem bestimmten Zeitpunkt entweder stagnierte oder sich in eine andere Richtung bewegte.

In der folgenden Simulation wird darum zunächst der Einfluß eines strukturtheoretisch wichtigen Effektes nachgezeichnet: der *Anteil der potentiellen Pensionäre an der Gesamtbevölkerung* als Periodeneffekt. Graphik 11.1 bildet als Zeitreihe den Anteil der 60-65 Jährigen an der Gesamtbevölkerung von 1950-1988 ab. Interessant ist in Graphik 11.1 vor allem der starke Einbruch zwischen 1974 und 1984. 1979 betrug der Anteil der 60-65 Jährigen[28] nur 3,65%, nachdem er 1968 seinen höchsten Wert von 6,1% hatte. Die Tatsache, das die im Jahre 1979

---

[28] Hier: an der *Gesamt*bevölkerung. Daten über den Anteil der 60-65 Jährigen an der *Erwerbs*bevölkerung, die ein genaueres Maß der Gelegenheitsstruktur geliefert hätten, lagen erst ab 1960 vor.

62-Jährigen im Jahre 1941 24 Jahre alt waren, deutet darauf hin, daß es sich dabei um eine Geburtskohorte handelt, die durch den zweiten Weltkrieg stark dezimiert wurde. Nach dieser Interpretation könnte die Simulation Aufschlüsse darüber liefern, wie sich die Mobilitätsprozesse verändert hätten, wenn es den zweiten Weltkrieg nicht gegeben hätte.

Graphik 11.1:

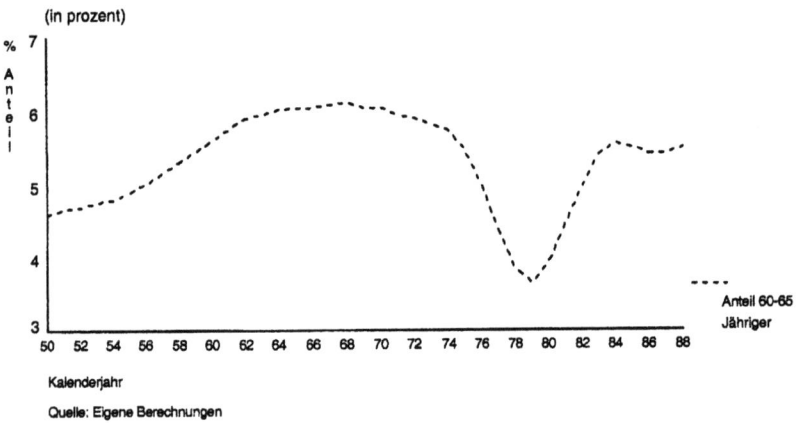

Diese Interpretation wäre allerdings etwas gewagt, da der Simulation immer *ceteris paribus* Klauseln (Schnell/Hill/Esser 1993: 55) zugrunde liegen, die unter Umständen problematisch sein können. Die "ansonsten gleichen Bedingungen" können nicht unterstellt werden, weil die Prozesse der Modernisierung und der Tertiarisierung ohne die Wiederaufbauphase nach dem zweiten Weltkrieg sicherlich auch anders verlaufen wären. Die ceteris paribus Klauseln, die die Aussagefähigkeit der Mikrosimulation in der Regel stark einschränken, stellen ein grundsätzliches Problem dieses Verfahrens dar.

Das erste simulierte Szenario ist in Grafik 11.2 dargestellt. Grundlage für die Berechnungen stellt das Modell 9 dar. Die durchgehende Linie ist die nach Modell 9 real errechnete Hazardfunktion, die gestrichelte Linie deren Simulation. Zu sehen ist in dieser Graphik der Verlauf der Hazardrate für Aufstiege über eine Prozeßzeit von 11 Jahren hinweg. In die Ratenfunktion von Modell 9 (Aufstiege) wurden folgende Merkmale eingesetzt: Verheiratete Männer ohne Kind, mittlere Reife mit Berufsausbildung, 1966 in das Erwerbssystem eingestiegen, beginnen 1968 nach 24 Monaten Berufserfahrung die dargestellte Episode auf der Position eines

Sachbearbeiters ("Angestellte, die schwierige Aufgaben nach allgemeiner Anweisung selbständig erledigen").

Zu erkennen ist zunächst der tendenziell sichelförmige Verlauf, wie er durch die Koeffizienten t und log(t^2) beschrieben ist. Die spitzen Zacken, die im Intervall von 12 Monaten auftreten, sind durch die spezielle Art zu erklären, in der die Zeitabhängigkeit modelliert wurde. Modell 9 basiert auf einem Episodensplitting, das neben den ausbildungs-, familien- und ehebiographischen Ereignissen auch für jeden *Kalenderjahreswechsel* durchgeführt wurde. Der Datei konnte darum für jedes Kalenderjahr der entsprechende Wert der demographischen und sozio-ökonomischen Entwicklung des Vorjahres zugespielt werden. Da aber die Ratenfunktion nach dem kurzen Anstieg zu Beginn des Prozesses wegen des negativen Einflusses der Prozeßzeit t wieder fällt (Modell 9), sich mit Beginn eines jeden Kalenderjahres aber zugleich das Tertiarisierungsniveau erhöhte, das als Periodeneffekt einen sehr starken *positiven* Einfluß auf die Aufstiegsrate hat (Modell 9), bewirken diese beiden gegenläufigen Prozesse die gezackte Form der Ratenfunktion in Graphik 11.2. In der Realität hat sich das Tertiarisierungsniveau natürlich nicht sprunghaft mit jedem Jahreswechsel verändert, sondern eher kontinuierlich. Aber in Modell 9 wurde es als jahresweise Veränderung modelliert, weil es die verfügbaren Zeitreihen nicht anders zuließen. Und Modell 9, welches die Grundlage für die Simulation liefert, stellt schließlich auch nur die soziale Wirklichkeit dar, wie sie mit der Methode der Ereignisanalyse *als Modell* abgebildet wurde. Die eigentliche Simulation in Graphik 11.2 besteht darin, *daß die gestrichelte Linie die Ratenfunktion darstellt, wie sie verlaufen wäre, wenn der Anteil der 60-65 Jährigen, der seit Beginn der Episode 1968 (somit der Wert des Vorjahres 1967: 6,8%) zunächst langsam, dann bis 1979 (1978: 3,85%) stark abgefallen ist (vgl. Graphik 11.1), sich seit 1967 nicht mehr verändert hätte.* In den ersten drei Jahren des Prozesses sind beide Ratenfunktionen auch relativ deckungsgleich, laufen dann aber aufgrund des als konstant simulierten Periodeneffektes des Pensionärsanteils auseinander. Die reale Abnahme des Pensionärsanteils 1967-1977 wirkte sich nach Modell 9 negativ auf die Aufstiegsrate aus, weil die Positionen in Zeiten eines abnehmenden Pensionärsanteils häufiger von jüngeren Personen besetzt sind, die noch längere Zeit auf den Positionen verweilen und darum Vakanzen durch Austritte aus dem Erwerbssystem seltener werden.

Grafik 11.2:

Hazardrate für Aufstiege
Effekt des Pensionärsanteils

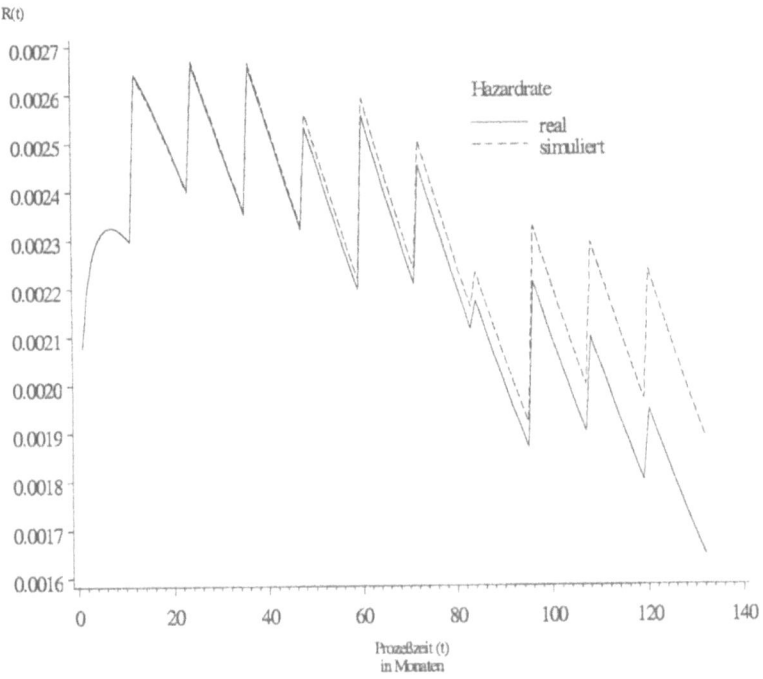

Quelle: Eigene Berechnungen nach Modell 9

Somit verläuft die simulierte Ratenfunktion in Graphik 11.2 auch mit zunehmender Prozeßzeit auf höherem Niveau, als die reale Ratenfunktion, da in der Simulation die Auftrittshäufigkeit der Vakanzen *nicht* abgenommen hat.

Allerdings lassen die auf der Ordinate abgetragenen Werte der Übergangsrate wenig Aufschluß darüber zu, wie *relevant* der signifikante Einfluß des 60-65 Jährigen-Anteils auf die Aufstiegsrate eigentlich ist. Graphik 11.3 bildet darum die *Survivorfunktion* ab. Sie ergibt sich aus der (zeitabhängig) *kumulierten Übergangsrate* Rk (Diekmann/Mitter 1984: 46f, Andreß 1992: 63), die wiederum - als Fläche unter der Ratenfunktion - als das Integral der Rate von Null nach 't' zu verstehen ist:

$$Rk = \int_0^t r(\tau)d\tau$$

Und für die Survivorfunktion ergibt sich daraus (Blossfeld/Hamerle/Mayer 1986:33):

$$S(t) = \exp\left\{-\int_0^t r(\tau)d\tau\right\} = \exp(-Rk).$$

In Graphik 11.3 zeigt sich anhand der Survivorfunktion, daß das Szenario, in dem der Anteil der 60-65-Jährigen konstant bleibt, keine besonders *relevante* Wirkung auf die Aufstiegswahrscheinlichkeit nach 11 Jahren Prozeßzeit hat.

Graphik 11.3:

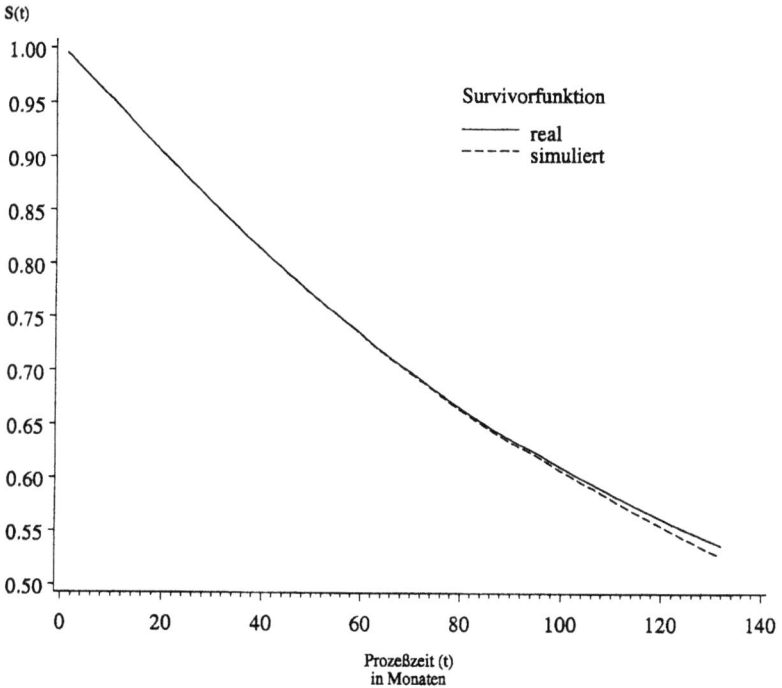

Die Survivorfunktion stellt Anteil der "Überlebenden" zu jedem Zeitpunkt eines untersuchten Prozesses dar, d.h. den Anteil derjenigen, die noch keinen Aufstieg erfahren haben. Nach 11 Jahren sind gemäß Modell 9 real 46,289% aufgestiegen. Wäre der Anteil der 60-65 Jährigen während der dargestellten Periode von 1967 bis 1977 nicht gesunken, sondern konstant geblieben, wäre der Anteil der nach 11

Jahren Aufgestiegenen mit 47,290% nur 1,001 Prozentpunkte höher gewesen.

Wesentlich relevanter war für die zugrunde gelegte Personengruppe dagegen der Periodeneffekt der Tertiarisierung, wie anhand der Survivorfunktion in Graphik 11.4 deutlich wird. Simuliert wurde in Graphik 11.4 der Prozeß der Tertiarisierung in einem Szenario, in dem das Tertiarisierungsniveau seit dem Vorjahr des Prozeßbeginns 1968 *ceteris paribus* nicht weiter gestiegen ist. Die Tertiarisierung hatte sich in Modell 9 als ein sehr stark positiver Einfluß auf die Aufstiegsrate erwiesen.

Als realen Kurvenverlauf erhalten wir in Graphik 11.4 zunächst dieselbe Funktion, wie in Graphik 11.3. Nach einer Prozeßzeit von 11 Jahren waren 46,289% unserer untersuchten Gruppe aufgestiegen. *Hätte der Tertiarisierungsprozeß seit Beginn der Episode 1968 (also seit 1967) stagniert, wäre es zu einer Reduzierung des Anteils der nach 11 Jahren Aufgestiegenen um 16,5 Prozentpunkte gekommen.* Bezieht man diesen Befund auf die theoretischen Überlegungen des 4. Kapitels, in dem die strukturzentrierten vakanztheoretischen Ansätze beschrieben wurden, läßt sich Graphik 11.4 als Bestätigung der Vacancy Competition Theorie Sørensens interpretieren. In Sørensens Ansatz sind es neben den Austritten der Pensionäre aus dem Erwerbssystem vor allem neu entstandene Positionen und die Form der pyramidalen Ungleichheitsstruktur, die die Gelegenheitsstruktur für Aufstiege bilden. Bell zufolge bedeutete die Tertiarisierung einen Zuwachs an statushohen Positionen im Dienstleistungsbereich, was nach der Vacancy Competition Theorie in einer Ausweitung der Gelegenheitsstruktur resultierte bzw. die Ungleichheitspyramide im oberen Bereich verbreiterte.

Graphik 11.4:

Survivorfunktion für Aufstiege
Effekt der Tertiarisierung

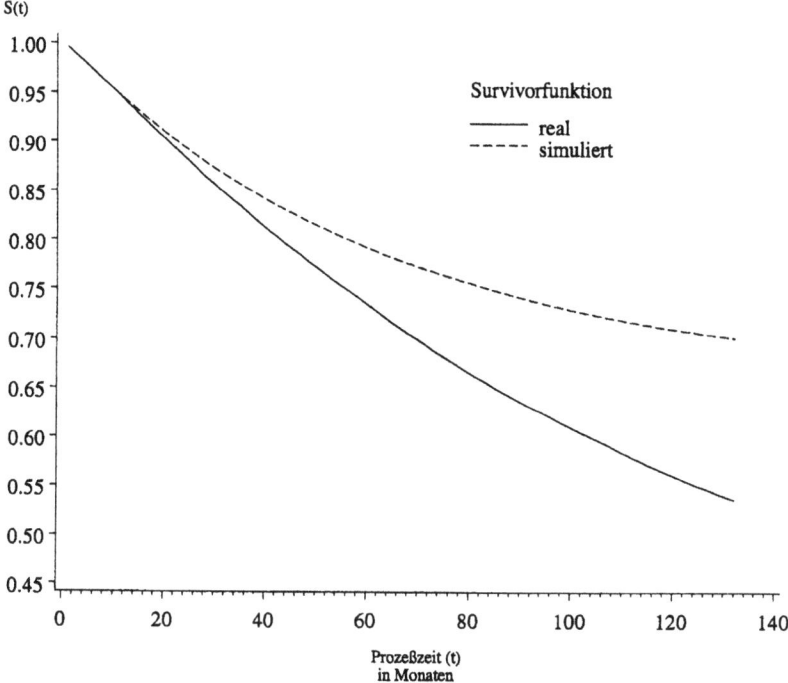

Quelle: eigene Berechnungen nach Modell 9

Die simulierte Survivorfunktion in Graphik 11.4 ist damit ein eindrucksvoller Beleg für makrosoziale Einflüsse auf Karrierechancen. In der Periode von 1950-1988 hätte die individuelle Leistungsbereitschaft der Arbeitnehmer allein nicht zu derartig erfolgreichen Karrieren geführt, wenn mit dem Wandel zur Dienstleistungsgesellschaft nicht die entsprechende Gelegenheitsstruktur (als Periodeneffekt) in Form vakanter Positionen im oberen Bereich der Ungleichheitspyramide entstanden wäre. Eine bloße Öffnung und Ausweitung des Bildungssystems bleibt ohne Folgen für die Sozialstruktur, wenn sie nicht von einer Ausweitung der Gelegenheitsstruktur durch den berufsstrukturellen Wandel begleitet wird. Eine besondere Bedeutung kommt in diesem Zusammenhang dem Ausbau des öffentlichen Sektors zu (Blossfeld/Becker 1989: 233).

12 Zusammenfassung und Schlußfolgerungen

In der vorliegenden Arbeit sollte untersucht werden, ob und in welchem Ausmaß individuelle Merkmale und strukturelle Bedingungen die Chancen auf intragenerationale Statusverbesserungen bzw. die Risiken von Statusverlusten beeinflussen. Dabei war insbesondere der Nachweis struktureller Einflußfaktoren von Interesse, die sich unabhängig von individuellen Merkmalen auf die intragenerationalen Karrierechancen auswirken. Zunächst wurden in Kapitel 2 nach der Diskussion klassischer soziologischer Ansätze zwei Strukturierungsmechanismen sozialer Ungleichheit erörtert, die über die von der neoklassischen Ökonomie betonten individuellen Ressourcen hinausgehen: die soziale Schließung und die Verfügbarkeit vakanter Positionen. Die soziale Schließung (Weber/Parkin) ergibt sich aus dem Interesse bestimmter Gruppen, Ressourcen für sich zu monopolisieren. Die Interessen von Arbeitnehmer und Arbeitgeber konvergieren typischerweise im Falle einer möglichen Anbindung des Arbeitnehmers an den betriebsinternen Arbeitsmarkt und die Schließung der Positionen bedeutet ein Austausch zum Vorteil beider Seiten. Die Verfügbarkeit vakanter Positionen läßt sich aus einem theoretischen Konzept herleiten, in dem *die Positionen als eigenständige Existenzform* betrachtet werden, und folglich auch unabhängig von der sie besetzenden Person existieren (Simmel). Für jede der drei Mechanismen, individuelle Ressourcen, soziale Schließung und die Verfügbarkeit vakanter Positionen, wurden theoretische Ansätze diskutiert, aus denen sich konkrete Hypothesen über den Einfluß der jeweiligen Dimension auf Statusgewinne oder -verluste ableiten lassen: die Humankapitaltheorie, insbesondere in der "modifizierten" Variante Tumas, und die Familienökonomie (Kapitel 3) behandeln die individuellen Ressourcen, die Vacancy Competition Theorie Sørensens (Kapitel 4) die vakanten Positionen und Sengenbergers Theorie der Arbeitsmarktsegmentation (Kapitel 5) die soziale Schließung.

Nach ausführlicher Diskussion des Konzepts der "Gelegenheitsstruktur" und dessen Problemen wurde schließlich die Hypothese aufgestellt, daß neben dem Wandel der Beschäftigungsstruktur zur Dienstleistungsgesellschaft insbesondere der *Anteil der potentiellen Pensionäre* eine konsequente empirische Umsetzung der Vacancy Competition Theorie für nationale Arbeitsmärkte bedeutet. Als Periodeneffekt sollte er die Vakanzbildungen und darum auch die Aufstiegswahrscheinlichkeit erhöhen. Die Herleitung dieser Variablen aus der theoretischen Diskussion, ihre Einbeziehung in ereignisanalytische Modelle und die Demonstration ihres Effektes mit der Methode der Mikrosimulation stellen die wichtigsten Innovationen dieser Arbeit dar. Insbesondere anhand der Modelle des Abschnitts 10.1, für die der Familiensurvey die Datengrundlage lieferte, konnte darüberhinaus das

Ineinandergreifen von Ehe- und Familienbiographie und intragenerationalem Statuserwerbsprozeß - unter besonderer Berücksichtigung der Frauen - aufgezeigt werden.

Die *Simulationsrechnung* auf Grundlage ereignisanalytischer Modelle in Kapitel 11 ergab allerdings, daß der zwar signifikante Perioden-Einfluß der potentiellen Pensionäre nicht besonders *relevant* war. Im Gegensatz dazu war der Wandel des *Tertiarisierungsniveaus*, welches zuvor mit Hilfe der Faktorenanalyse aus den Zeitreihen des Statistischen Bundesamtes ermittelt wurde, für soziale Aufstiege wesentlich bedeutsamer. Überdies hat sich - erwartungsgemäß - herausgestellt, daß die von der Humankapitaltheorie betonten Einflußfaktoren ihre Wirkung trotz Kontrolle der strukturellen Variablen durchaus in erwartbarer Weise entfalteten. Eine wirkliche *Erklärung* intragenerationaler Mobilitätsprozesse lieferte die modifizierte Form der Humankapitaltheorie, wie sie von Tuma entwickelt wurde. Blossfelds Verdienst ist es, die *Systematik des Auftretens* von unerwarteten Gewinnen und unerwarteten Verlusten theoretisch und empirisch berücksichtigt zu haben, indem er das methodische Fundament zur zeitabhängigen Integration der makrostrukturellen Variablen lieferte.

Als Folge der *sozialen Schließungsprozesse* am Arbeitsmarkt wird überdies die von der neoklassischen Ökonomie vorausgesetzte Marktkonkurrenz außer Kraft gesetzt, indem institutionelle Strukturen mit eigenen Allokationsregeln entstanden sind. In bezug auf die Aufstiegschancen insgesamt ist es gegenüber den unstrukturierten Arbeitsmärkten großer und kleiner Betriebe vorteilhaft, an den durch berufliche oder betriebliche Qualifikationen monopolisierten Segmenten teilzuhaben. Insbesondere aber die institutionelle Struktur des öffentlichen Dienstes und die von B. Keller und R. Becker herausgearbeiteten, nicht-marktmäßigen Allokationsmechanismen in diesem Segment wirken sich vorteilhaft für innerbetriebliche Aufstiege aus. Zu betonen ist darüberhinaus, daß die Einschränkung der Mechanismen des freien Marktes vor allem im öffentlichen Dienst dazu führt, daß das Risiko von Statusverlusten erheblich reduziert wird. Die aufgezeigten Effekte der makrostrukturellen Variablen (vgl. Tabelle 9.1) können darum zum einen als Hinweis auf den Reduktionismus der neoklassischen Humankapitaltheorie aufgefaßt werden, die die strukturellen Kontextbedingungen sowohl theoretisch als auch empirisch vernachlässigt. Zum anderen sollte deutlich geworden sein, daß für eine erfolgreiche Status- bzw. Berufsbiographie nicht allein die Bereitschaft und das Vermögen zu individueller Leistung ausschlaggebend sind, wie es die meritokratische Ideologie postuliert. Ebenso wirken die makrosozialen Strukturen und Institutionen unabhängig von den individuellen Bemühungen auf die Karrierechancen ein. Entweder handelt es sich dabei um das Glück der Teilhabe an geschlossenen Institutionen oder um das Glück oder Unglück der jeweiligen historischen Periode.

13 Literatur

Alt, Christian (1991): Stichprobe und Repräsentativität der Surveydaten, in: Bertram (Hg.).
Andreß, Hans-Jürgen (1992): Einführung in die Verlaufsdatenanalyse, Köln.
Backhaus, Karl, Bernd Erichson, Wullf Plinke, Rolf Weiber (1994): Multivariate Analysemethoden. Eine anwendungsorientierte Einführung, Berlin.
Beck, Ulrich (1983): Jenseits von Stand und Klasse?, in: Kreckel (Hg.): Soziale Ungleichheiten, Sonderband 2 der Sozialen Welt, Göttingen.
-ders. (1986): Risikogesellschaft. Auf dem Weg in eine andere Moderne, Frankfurt/M.
Becker, Gary S. (1982): Der ökonomische Ansatz zur Erklärung menschlichen Verhaltens, Tübingen.
-ders. (1993 [1964]): Human capital. A theoretical and empirical analysis with special reference to education, Chicago/ London.
Becker, Rolf (1993): Staatsexpansion und Karrierechancen. Berufsverläufe im öffentlichen Dienst und in der Privatwirtschaft, Frankfurt/Main.
-ders. (1994): Intergenerationale Mobilität im Lebensverlauf, oder: Ist der öffentliche Dienst ein Mobilitätskanal zwischen Generationen? In: Kölner Zeitschrift für Soziologie und Sozialpsychologie Jg. 46, H. 4, S. 597- 618.
Becker, Rolf/ Klaus Schömann (1996): Berufliche Weiterbildung und Einkommensdynamik. Eine Längsschnittstudie mit besonderer Berücksichtigung von Selektionsprozessen, in: Kölner Zeitschrift für Soziologie und Sozialpsychologie Jg. 48, H. 3, S. 426-461.
Becker, Rolf/ Ekkehard Zimmermann (1995): Statusinkonsistenz im Lebensverlauf. Eine Längsschnittstudie über Statuslagen von Männern und Frauen in den Kohorten 1929-31, 1939-41 und 1949-51, in: Zeitschrift für Soziologie, Jg. 24, Heft 5, Oktober 1995, S. 358-373.
Benninghaus, Hans (1992): Deskriptive Statistik, Stuttgart.
Berger; Peter A. (1995): Mobilität, Verlaufsvielfalt und Individualisierung, in: ders./Peter Sopp (Hg.).
Berger, Peter A./ Sopp, Peter (Hg.) (1995): Sozialstruktur und Lebenslauf, Opladen.
-dies. (1995): Dynamische Sozialstrukturanalysen und Strukturerfahrungen, in: dies. (Hg.).

-dies. (1992): Bewegtere Zeiten? Zur Differenzierung von Erwerbsverlaufsmustern in Westdeutschland, in: Zeitschrift für Soziologie Jg. 21, Heft 3, Juni 1992.

Bertram, H. (Hg.) (1991): Die Familie in Westdeutschland. Stabilität und Wandel familialer Lebensformen, Opladen.

Blau, Peter M. (1994): Structural contexts of opportunities. Chicago: University Press.

Blossfeld, Hans-Peter (1986): Career opportunities in the Federal Republic of Germany: a dynamic approach to the study of life-course, cohort, and period effects, in: European Sociological Review, Vol. 2, pp. 208-225.

-ders. (1987): Karriereprozesse im Wandel der Arbeitsmarktstruktur. Ein dynamischer Ansatz zur Erklärung intragenerationaler Mobilität, in: Mitteilungen aus der Arbeitsmarkt und Berufsforschung 1/87.

-ders. (1989): Kohortendifferenzierung und Karriereprozeß. Frankfurt/M.

-ders. (1990): Berufsverläufe und Arbeitsmarktprozesse. Ergebnisse sozialstruktureller Längsschnittuntersuchungen, in: Mayer, Karl-Ulrich (Hg.): Lebensverläufe und sozialer Wandel.

Blossfeld, Hans-Peter, Rolf Becker (1989): Arbeitsmarktprozesse zwischen öffentlichem und privatwirtschaftlichem Sektor. Kohortenspezifische Auswirkungen der Expansion des Staates als Arbeitgeber, in: Mitteilungen aus der Arbeitsmarkt und Berufsforschung 2/89.

Blossfeld, Hans-Peter, Alfred Hamerle (1992): Unobserved heterogeneity in event history models, in: Quality and Quantity 26: 157-168.

Blossfeld, Hans-Peter, Alfred Hamerle, Karl-Ulrich Mayer (1986): Ereignisanalyse. Statistische Theorie und Anwendung in den Wirtschafts- und Sozialwissenschaften, Frankfurt/M.

Blossfeld, Hans-Peter, Karl-Ulrich Mayer (1988): Arbeitsmarktsegmentation in der Bundesrepublik Deutschland. Eine empirische Überprüfung von Segmentationstheorien aus der Perspektive des Lebenslaufs, in: Kölner Zeitschrift für Soziologie und Sozialpsychologie Jg. 40, H. 2, S. 262-283.

Blossfeld, Hans-Peter/ Michael T. Hannan/ Klaus Schömann (1988): Erwerbsverlauf und die Entwicklung der Arbeitseinkommen bei Männern. Eine Längsschnittanalyse unter Verwendung einer stochastischen Differentialgleichung, in: Zeitschrift für Soziologie, Jg. 17, Heft 6, S. 407-423.

Blossfeld, Hans-Peter/ Johannes Huinink (1990): Bildung, Karriere und das Alter bei der Eheschließung von Frauen, in: Felder (Hg.) (1990).

Blossfeld, Hans-Peter/ Götz Rohwer (1995): Techniques of Event History Modeling. New Approaches to Causal Analysis. Mahwah, New Jersey.

- dies. (1997): Causal inference, time and observation plans in the social sciences, in: Quality and Quantity 31: 361- 384.

Blossfeld, Hans-Peter/ Erik Klijzing/ Katharina Pohl/ Götz Rohwer (1996): Modellierung paralleler und interdependenter Prozesse in der Bevölkerungswissenschaft. Konzepte und Methoden am Beispiel der Heiratsneigung nichtehelicher Lebensgemeinschaften bei der Geburt des ersten Kindes, in: Zeitschrift für Bevölkerungswissenschaft, Jg. 21, 1/1996, S. 29-56.

Blossfeld, Hans-Peter/ Ralf Müller (1996): Sozialstrukturanalyse, Rational Choice Theorie und die Rolle der Zeit. Ein Versuch zur dynamischen Integration zweier Theorieperspektiven, in: Soziale Welt 47 (1996), S. 382-410.

Bohrhardt, Ralf/ Wolfgang Voges (1995): Die Variable "Beruf" in der empirischen Haushalts- und Familienforschung. Zur Ausschöpfung relevanter Informationsanteile aus standardisierten Berufsklassifikationssystemen, in: ZA-Information 36.

Bortz, Jürgen (1989): Statistik für Sozialwissenschaftler, Berlin.

Boudon, Raymond (1980): Logik des gesellschaftlichen Handelns. Eine Einführung in die soziologische Denk- und Arbeitsweise, Darmstadt.

- ders. (1987): The individualistic tradition in sociology, in: Jeffery C. Alexander et. al. (Hg.): The micro-macro link, Berkley.

Braverman, Harry (1977): Die Arbeit im modernen Produktionsprozeß, Frankfurt/M.

Brückner, Erika (1989): Telefonische Recherchen als Instrument zur Überprüfung und Verbesserung von Individualdaten, in: Mayer/Brückner (1989): Teil I, S. 227-238.

Brückner, Hannah (1995): Surveys don't lie, people do? An analysis of Data Quality in a Retrospective Life Course Study, Materialien aus der Bildungsforschung Nr. 50, Max- Planck-Institut für Bildungsforschung Berlin.

Brüderl, Josef (1992): Mobilitätsprozesse in Betrieben, Frankfurt/M.

- ders.: (1992): Dynamic Career Models and Inequality Research. A Reexamination of the Sørensen Model, in: Sociological Methods and Research, Vol. 21, No.1, August 1992.

Brüderl, Josef/ Peter Preisendörfer/Rolf Ziegler (1993): Upward mobility in organizations: the effects of hierarchy and opportunity structure, in: European Sociological Review, Vol. 9, No.2, September 1993, pp. 173-188.

Brüderl, Josef/ Andreas Diekmann (1994): Bildung, Geburtskohorte und Heiratsalter. Eine vergleichende Untersuchung des Heiratsverhaltens in

Westdeutschland, Ostdeutschland und den Vereinigten Staaten, in: Zeitschrift für Soziologie, Jg. 23, Heft 1, S. 56-73.

Chase, Ivan D./Theodore H. DeWitt (1988): Vacancy chains: a process of mobility to new ressources in humans and animals, in: Social Science Information 27, 1(1988), pp. 83-98.

Carroll, Glenn R./ Karl Ulrich Mayer (1986): Job-Shift Patterns in the Federal Republic of Germany: The Effects of Social Class, Industrial Sector, and organizational Size, in: American Sociological Review, 1986, Vol. 51, pp. 323-341.

Coleman, James S. (1993): The Impact of Gary Becker's Work on Sociology, in: Acta Sociologica (1993) 36: 169-178.

Diekmann, Andreas (1985): Einkommensunterschiede zwischen Frauen und Männern. Theoretische Perspektiven und empirische Ergebnisse zur Einkommensdiskriminierung von Arbeitnehmerinnen, Teil A und B, Forschungsbericht des Instituts für Höhere Studien Wien.

Diekmann, Andreas / Peter Mitter (1984): Methoden zur Analyse von Zeitverläufen, Stuttgart.

-dies. (1984) (Hg.): Stochastic modeling of social processes, London.

Drobnic, Sonja/ Ingo Wittig (1995): Vollzeit- und Teilzeiterwerbstätigkeit US-amerikanischer Frauen - Ein Längsschnittanalyse, in: Zeitschrift für Soziologie, Jg. 24, Heft 5, S. 374-389.

Easterlin, Richard A. (1980): Birth and Fortune. The impact of numbers on personal welfare, New York.

Esping-Andersen, Gøsta (1990): Three worlds of welfare capitalism, Princeton, New Jersey.

-ders. (1993) (Hg.): Changing classes, London.

Esser, Hartmut (1993): Soziologie. Allgemeine Grundlagen, Frankfurt/Main.

Felderer, Bernhard (Hg.) (1990): Bevölkerung und Wirtschaft, Berlin.

Galler, Heinz P. (1979): Schulische Bildung und Heiratsverhalten, in: Zeitschrift für Bevölkerungswissenschaft, Heft 2, 5. Jahrg., S. 199-214.

-ders.: (1984): Diskussionsbeitrag zum Referat W. Müller: Mobilitätsforschung und Arbeitsmarkttheorie, in: Knepel/Hujer (Hg.).

Geissler, Birgit (1994): Klasse, Schicht oder Lebenslage?, in: Leviathan 4/1994, S. 541-559.

Graff, Jörg (1992): Soziologische Statistik, Bremen.

Habermas, Jürgen (1976): Was heißt heute Krise? Legitimationsprobleme im Spätkapitalismus, in: ders.: Zur Rekonstruktion des Historischen Materialismus, Frankfurt/M.

Hachen, David S. (1988): Gender differences in job mobility rates in the United States, in: Social Science Research 17, 93-116.

-ders. (1988a): Industrial labor markets and job mobility rates, in: Research in Social Stratification and Mobility, Vol. 7, pp. 35-68.

Handl, Johann (1977): Sozio-Ökonomischer Status und der Prozess der Statuszuweisung - Entwicklung und Anwendung einer Skala, in: Klassenlagen und Sozialstruktur, in: Handl/Mayer/Müller (1977).

-ders. (1978): Geschlechtsspezifische Unterschiede im Prozess der Statuszuweisung, SPES Arbeitspapier Nr. 85, Frankfurt/M.

Handl, Johann/ Karl Ulrich Mayer/ Walter Müller (1977): Klassenlagen und Sozialstruktur, Frankfurt/M.

Harisson, Roderick J. (1988): Opportunity models: Adapting vacancy models to national occupational structures, in: Research in Social Stratification and Mobility, Vol. 7, pp. 3-33.

Hauser, Richard/Roland Berntsen (1990): Einkommens- und Wohlstandsmobilität von Haushalten und Personen unter dem Einfluß demographischer Ereignisse, in: Felderer (Hg.) (1990).

Hirsch, Joachim/Roland Roth (1986): Das neue Gesicht des Kapitalismus. Vom Fordismus zum Postfordismus, Hamburg.

Keller, Berndt (1985): Zur Soziologie von Arbeitsmärkten. Segmentationstheorien und die Arbeitsmärkte des öffentlichen Sektors, in: Kölner Zeitschrift für Soziologie und Sozialpsychologie Jg. 45, H. 4, S.649-676.

Klein, Thomas (1990): Arbeitslosigkeit und Wiederbeschäftigung im Erwerbsverlauf, in: Kölner Zeitschrift für Soziologie und Sozialpsychologie Jg. H. 4, S. 668-705.

-ders. (1988): Sozialstrukturveränderungen und Kohortenschicksal. Mikrozensusergebnisse zu den Einflüssen von Bildungs- und Altersstrukturverschiebungen auf kohortenspezifische Einkommenskarrieren, in: Mitteilungen aus der Arbeitsmarkt- und Berufsforschung 4/88, S. 512-528.

-ders. (1991): Zum Nutzen der Mikrosimulation in den Sozialwissenschaften, in: Henrik Kreutz/Johann Bacher (Hg.): Disziplin und Kreativität. Sozialwissenschaftliche Computersimulation: theoretische Experimente und praktische Anwendung, Opladen.

Klein, Thomas/ Wolfgang Lauterbach (1994): Bildungseinflüsse auf Heirat, die Geburt des ersten Kindes und die Erwerbsunterbrechungen von Frauen, in: Kölner Zeitschrift für Soziologie und Sozialpsychologie Jg. 46, H. 2, S. 278-298.

Klein, Thomas/ Uwe Braun (1995): Der berufliche Wiedereinstieg von Müttern zwischen abnehmenden Betreuungsaufwand und zunehmender

Dequalifizierung, in: Zeitschrift für Soziologie, Jg. 24, Heft 1, Februar 1995, S. 58-68.
Knepel, Helmut/Reinhard Hujer (Hg.) (1984): Mobilitätsprozesse auf dem Arbeitsmarkt, Frankfurt/ M.
Kreckel, Reinhard (Hg.) (1983): Soziale Ungleichheiten. Soziale Welt Sonderband 2, Göttingen.
-ders. (1983a): Soziale Ungleichheit und Arbeitsmarktsegmentierung, in: ders. (Hg.) (1983), S.137-162.
-ders. (1992): Politische Soziologie der sozialen Ungleichheit. Frankfurt/M.
Mannheim, Karl (1985): Ideologie und Utopie, Frankfurt/M.
Mayer, Karl Ulrich (Hg.) (1990): Lebensverläufe und sozialer Wandel. Sonderheft der KZfSS 31.
-ders. (1977): Statushierarchie und Heiratsmarkt. Empirische Analysen zur Struktur des Schichtungssystems in der Bundesrepublik und zur Ableitung einer Statusskala, in: Handl/Mayer/Müller (Hg.) (1977).
-ders. (1979): Berufliche Tätigkeit, berufliche Stellung und beruflicher Status - empirische Vergleiche zum Klassifikationsproblem, in: Franz Urban Pappi (Hg.): Sozialstrukturanalysen mit Umfragedaten, Königstein/ts. 1979.
-ders. (1987): Lebenslaufforschung, in: Wolfgang Voges (Hg.) (1987).
-ders. (1987a): Zum Verhältnis von Theorie und empirischer Forschung zur sozialen Ungleichheit, in: Bernhard Giesen/ Hans Haferkamp (Hg.) (1987): Soziologie der sozialen Ungleichheit, Frankfurt/M.
-ders. (1990a): Lebensverläufe und sozialer Wandel. Anmerkungen zu einem Forschungsprogramm, in: ders. (Hg.) (1990).
-ders. (1995): Gesellschaftlicher Wandel, Kohortenungleichheit und Lebensverläufe, in: Berger/Sopp (Hg.)(1995).
Mayer, Karl Ulrich/Erika Brückner (1989): Lebensverläufe und Wohlfahrtsentwicklung. Konzeption, Design und Methodik der Erhebung von Lebensverläufen der Geburtsjahrgänge 1929-31, 1939-41, 1949-51, I-III, Materialien aus der Bildungsforschung Nr. 35, Berlin.
Mayer, Karl Ulrich / Glenn R. Carroll (1987): Jobs and classes: structural constraints on career mobility, in: European Sociological Review, Vol. 3 No. 1, pp. 14-38.
Mayer, Karl Ulrich/ Johannes Huinink (1990): Alters-, Perioden- und Kohorteneffekte in der Analyse von Lebensverläufen, in: Mayer (Hg.) (1990).
Mincer, Jacob (Hg.) (1993): Studies in labor supply. Collected essays of Jacob Mincer, Vol. I + II, Vermont/ Aldershot.

-ders. (1993a): Human capital and earnings, in: Jacob Mincer (Hg.) (1993), Vol. I, pp. 69-97.
-ders. (1993b): Market prices, opportunity costs, and income effects, in: Mincer (Hg.) 1993), Vol. II, pp. 36-52.
-ders (1993c): Interrupted work careers: depreciation and restoration of human capital, in: Mincer (Hg.) (1993), Vol. II, pp. 140-160.
-ders. (1993d): Family investments in human capital, in: Mincer (Hg.) (1993), Vol. II, pp. 105-139.
Mincer, Jacob/ Solomon Polachek (1993): Family investments in human capital: earnings of women, in: Jacob Mincer (Hg.) (1993), Vol. II, pp. 105-139.
Müller, Walter (1985): Mobilitätsforschung und Arbeitsmarkttheorie, in: Knepel/ Hujer (Hg.).
Parkin, Frank (1983): Strategien sozialer Schließung und Klassenbildung, in: Kreckel (Hg.) 1983, S. 121-135.
Rogers, Willard L. (1982): Estimable functions of age, period, and cohort effects, in: American Sociological Review 1982, Vol. 47 (December:774-787).
Scharper, Klaus (1989): Arbeitslosigkeit, in: Dieter Nohlen (Hg.): Piepers Wörterbuch zur Politik, Bd. 1: Politikwissenschaft, München.
Schnell, Rainer (1991): Computersimulation und Theoriebildung in den Sozialwissenschaften, in: Harmut Esser/Klaus G. Troitsch (Hg.): Modellierung sozialer Prozesse, Bonn.
Schnell, Rainer, Paul B. Hill, Elke Esser (1993): Methoden der empirischen Sozialforschung, München.
Schleth, Uwe (1989): Die Datensammlung. Gewinnung und Aufbereitung von Information: Von der Beobachtung zur Datei, in: G. Frenzel/D. Hermann: Statistik mit SPSS^x, Stuttgart.
Sengenberger, Werner (1987): Struktur und Funktionsweise von Arbeitsmärkten. Die Bundesrepublik Deutschland im internationalen Vergleich, Frankfurt/M.
Simmel, Georg (1983): Soziologie. Untersuchungen über die Formen der Vergesellschaftung, Berlin.
Sørensen, Aage B.(1975): The structure of intragenerational mobility, in: American Sociological Review, Vol. 40 (August): pp. 456-471.
-ders. (1977): The structure of inequality and the process of attainment, in: American Sociological Review, Vol. 42 (December): pp. 965-978.
-ders. (1979): A model and a metric or the analysis of the intragenerational status attainment process, in: American Journal of Sociology 85, No. 2, 1979, pp. 361-384 .

-ders. (1983): Process of Allocation to Open and Closed Positions in Social Structure, in: Zeitschrift für Soziologie, Heft 3, Juli 1983, S. 203-224.
-ders. (1984): Interpreting time dependency in career processes, in: Diekmann/Mitter (Hg.) (1984).
-ders. (1991): On the usefulness of class analysis in research on social mobility and socioeconomic inequality, in: Acta Sociologica (1991) 34: pp.71-87.
Sørensen, Aage B./ Nancy Tuma (1981): Labor market structures and job mobility, in: Research in Social Stratification and Mobility, 1981, Vol. 1, pp. 67-94.
Sørensen, Aage B./ Hans-Peter Blossfeld (1989): Socioeconomic opportunities in Germany in the post-war period, in: Research in Social Stratification and Mobility, Vol. 8, pp. 85-106.
Stewman, Shelby, Suresh L. Konda (1983): Careers and organizational labor markets: Demographic models of organizational behavior, in: American journal of sociology 88, Number 4, S. 637-685.
Szydlik, Marc (1991): Einkommen, Einkommensdynamik und Arbeitsmarktsegmentation, in: Ulrich Rendtel/Gert Wagner (Hg.): Lebenslagen im Wandel. Zur Einkommensdynamik in Deutschland seit 1984, Frankfurt/Main.
Teckenberg, Wolfgang (1985): Die Erwerbsstrukturkonzeption in Humankapital- und Statuszuweisungsmodellen. Einige theoretische Alternativen, in: Kölner Zeitschrift für Soziologie und Sozialpsychologie, Bd. 37, Nr. 3, S. 431-460.
Tegtmeyer, Heinrich (Hg.) (1979): Soziale Strukturen und individuelle Mobilität. Beiträge zur sozio-demographischen Analyse der Bundesrepublik Deutschland, Boppard am Rhein.
-ders. (1979a): Die soziale Schichtung der Erwerbstätigen in der Bundesrepublik Deutschland, in: ders. (Hg.) (1979).
-ders. (1979b): Das Sozialprestige beruflicher Gruppierungen: Skalierungsmethoden und Daten für die Bundesrepublik Deutschland, in ders. (Hg.) (1979): Soziale Strukturen und individuelle Mobilität.
Thålin, Michael (1993): Class inequality and post-industrial employment in Sweden, in: Esping-Andersen (Hg.), pp. 80-108.
Treiman, Donald J./ Kermit Terrell (1975): Sex and the process of status attainment: a comparison of working women and men, in: American Sociological Review 1975, Vol. 40 (April): pp. 174-200.
Tuma, Nancy Brandon (1976): Rewards, ressources, and the rate of mobility: an nonstationary multivariate stochastic model, in: American Sociological Review 1976, Vol. 41 (April): pp. 338-360.

-dies. (1985): Effect of labor market structure and job shift patterns, in: James J. Heckman/ Burton Singer (Hg.): Longitudinal analysis of labor market data, Cambridge Mass. 1985.

Voges, Wolfgang (Hg.): Methoden der Biographie- und Lebenslaufforschung, Opladen 1987.

Wagner, Michael (1996): Lebensverläufe und gesellschaftlicher Wandel: Die westdeutschen Teilstudien, in: ZA-Information 38, S. 20-27.

Weber, Max (1972): Wirtschaft und Gesellschaft, Tübingen.

Wegener, Bernd (1985): Gibt es Sozialprestige?, in: Zeitschrift für Soziologie, Jg. 14, Heft 3, S.209-235.

-ders. (1988): Kritik des Prestiges, Frankfurt/M.

White, Harrisson C. (1970): Chains of Opportunity. System Models of opportunity in Organizations. Cambridge, Mass.

Wittenberg, Reinhard (1991: Computergestützte Datenanalyse, Stuttgart.

Wolf, Christof (1995): Sozio-ökonomischer Status und berufliches Prestige. Ein kleines Kompendium sozialwissenschaftlicher Skalen auf Basis der beruflichen Stellung und Tätigkeit, in: ZUMA- Nachrichten 37, Jg.19, November 1995.

Zameck, Walburga von (1990): Ökonomische Theorie der Ehe, in: Felderer (Hg.) (1990).

BREMER SOZIOLOGISCHE TEXTE

Wingens, Matthias / Weymann, Ansgar
Die Verwendung soziologischen Wissens in der bildungspolitischen Diskussion
Band 1, 1991, 298 S., ISBN 3-89085-622-5,
29,00 DM / 212 öS / 26,50 sFr (vergriffen)

Graff, Jörg
Soziologische Statistik
Band 2, 2. durchgesehene Auflage 1992, 384 S., ISBN 3-89085-623-3,
34,00 DM / 248 öS / 31,50 sFr

Koch, Volker
Zu einer sozialen Ätiologie von Aids
Der soziologische Beitrag zur Krankheitserklärung
Band 3, 1991, 132 S., ISBN 3-89085-624-1,
24,00 DM / 175 öS / 22,00 sFr

Lucke, Doris
Das Geschlechterverhältnis im rechts-politischen Diskurs
Gleichstellungsdiskussion und gesetzgeberischer „double talk"
Band 4, 1991, 220 S., ISBN 3-89085-625-X,
24,00 DM / 175 öS / 22,00 sFr (vergriffen)

Meuser, Michael / Sackmann, Reinhold (Hg.)
Analyse sozialer Deutungsmuster.
Beiträge zur empirischen Wissenssoziologie
Band 5, 1992, 220 S., ISBN 3-89085-626-8,
29,80 DM / 218 öS / 27,50 sFr (vergriffen)

Bussmann, Kai D. / Lüdemann, Christian
Klassenjustiz oder Verfahrensökonomie
Aushandlungsprozesse in Wirtschafts- und allgemeinen Strafverfahren
Band 6, 1995, 244 S., ISBN 3-89085-799-X,
78,00 DM / 569 öS / 71,00 sFr

CENTAURUS VERLAG

BREMER SOZIOLOGISCHE TEXTE

Rasztar, Matthias
Transformation und Berufsmobilität
Eine empirische Analyse der beruflichen Wechselprozesse
mit Daten der „Berufsverlaufsstudie Ost" in dem Zeitraum
von 1985 bis 1994
Band 7, 1999, 240 + VIII S., ISBN 3-8255-0243-0,
58,00 DM / 432 öS / 52,50 sFr

Der Autor untersucht die beruflichen Verläufe von Akademikern einerseits und Absolventen einer beruflichen Lehre andererseits, die ihren Abschluß in den Jahren 1995 und 1990 in Ostdeutschland erworben haben. Mit Hilfe eines dynamischen berufssoziologischen Ansatzes wird das Ausmaß des intragenerationalen Berufswandels im Transformationsprozeß analysiert und in einem Vergleich zwischen den letzten Jahren der DDR und den ersten Jahren des Transformationsprozesses skizziert. In einem weiteren Vergleich wird untersucht, wie die beiden Abschlußjahrgänge in der unmittelbaren Zeit nach der Maueröffnung bis zur Gegenwart auf die veränderten Bedingungen der Gesellschaft reagieren.

Im Fokus steht die Erklärung des Zusammenhangs zwischen Veränderungen auf dem Arbeitsmarkt und beruflichen Wechselprozessen im Erwerbssystem sowie die Dynamik von Berufsverläufen im Lebensverlauf. Welche Bedeutung haben Berufe und besondere Berufswechselprozesse für die Organisation des sozialen Wandels im Transformationsprozeß? Wird die bei deutschen Arbeitsmarktstrukturen traditionell enge Koppelung zwischen Bildungsqualifikation und Erstberuf im Transformationsprozeß aufgebrochen? Wie wird dieser soziale Wandel in einer Berufsstruktur prozediert? Welche Auswirkungen hatte es für die Absolventen, daß sie ihren Abschluß vor oder nach der Maueröffnung erworben haben? Und konnten die Absolventen des Jahres 1985 von ihrer Berufserfahrung in der DDR profitieren?

CENTAURUS VERLAG

If you have any concerns about our products,
you can contact us on
ProductSafety@springernature.com

In case Publisher is established outside the EU,
the EU authorized representative is:
**Springer Nature Customer Service Center GmbH
Europaplatz 3, 69115 Heidelberg, Germany**

Printed by Libri Plureos GmbH
in Hamburg, Germany